L'homme le plus riche de Babylone

Écrit

par

George Samuel Clason

Publié

par

Motmot.org

Copyright

Copyright © 2022 Motmot.org

Tous droits réservés. Aucune partie de ce livre ne peut être reproduite ou utilisée de quelque manière que ce soit sans l'autorisation écrite préalable du détenteur des droits d'auteur, à l'exception de l'utilisation de brèves citations dans une critique de livre.

Pour demander une autorisation, veuillez contacter l'éditeur en vous rendant sur le site https://motmot.org.

Motmot.org

Table des matières

Copyright 2

Introduction 5

À propos de George Samuel Clason 6

Avant-propos 8

Une esquisse historique de Babylone 10

L'homme qui désirait de l'or 18

L'homme le plus riche de Babylone 26

Sept remèdes pour un sac à main maigre 40

   Le premier remède : Commencez votre bourse à grossir. 45

   Le deuxième remède : Contrôlez vos dépenses. 48

   Le troisième remède : faire en sorte que ton or se multiplie 51

   Quatrième remède : protège tes trésors contre la perte. 54

   Le cinquième remède : faire de ton logement un investissement rentable. 56

   Le sixième remède : assurez-vous un revenu futur. 58

   Le septième remède : augmente ta capacité à gagner. 61

Rencontrez la déesse de la bonne chance 65

Les cinq lois de l'or 81

LES CINQ LOIS DE L'OR 88

La première loi de l'or 93

La deuxième loi de l'or 94

La troisième loi de l'or 95

La quatrième loi de l'or 96

La cinquième loi de l'or 97

Le prêteur d'or de Babylone 99

Les murs de Babylone 114

Le marchand de chameaux de Babylone 119

Tablette n° I 134

Tablette n° II 136

Tablette n° III 137

Comprimé n° IV 138

Tablette n° V 140

L'homme le plus chanceux de Babylone 146

25 Phrases Clés 168

Introduction

Devant, vous s'étend votre avenir comme une route menant au loin. Le long de cette route se trouve des ambitions que vous souhaitez accomplir... les désirs que vous souhaitez gratifier

Pour réaliser vos ambitions et vos désirs, vous devez réussir avec l'argent. Utilisez les principes financiers exposés dans les pages qui suivent. Laissez-les vous guider loin des contraintes d'une bourse maigre vers cette vie plus pleine et plus heureuse qu'une bourse pleine rend possible.

Comme la loi de la gravité, elles sont universelles et immuables. Puissent-ils s'avérer pour vous, comme ils l'ont prouvé à tant d'autres, une clé sûre pour un porte-monnaie bien garni, des soldes bancaires plus importants et un progrès financier gratifiant.

L'ARGENT EST ABONDANT POUR CEUX QUI COMPRENNENT LES RÈGLES SIMPLES DE SON ACQUISITION

1. Commence ton sac à main à engraisser
2. Contrôle de tes dépenses
3. Fais que ton or se multiplie
4. Protège tes trésors de la perte
5. Fais de ton logement un investissement rentable
6. Assurer un revenu futur
7. Augmentez votre capacité à gagner

À propos de George Samuel Clason

George Samuel Clason est né le 7 novembre 1874 en Louisiane, dans le Missouri. Il a fréquenté l'Université du Nebraska et a servi dans l'armée américaine pendant la guerre hispano-américaine.

Clason a créé deux entreprises, la Clason Map Company de Denver, Colorado, et la Clason Publishing Company. La Clason Map Company a été la première à publier un atlas routier des États-Unis et du Canada, mais n'a pas survécu à la Grande Dépression

En 1926, il publie le premier essai de Clason sur la réussite financière, dans lequel il utilise une forme de « paraboles babyloniennes ». Il s'est inspiré de tablettes trouvées dans le territoire situé entre les rivières de Babylone. Cette information a été confirmée par l'Association britannique des archéologues : Clason s'est adressé à eux à plusieurs reprises pour obtenir de l'aide dans ses recherches.

Les banques et les compagnies d'assurance ont commencé à distribuer les paraboles, et les plus célèbres ont été compilées dans le livre The Richest Man in Babylon. Le livre de Clason « Gold Ahead » a été rebaptisé The Richest Man in Babylon.

Les œuvres de Clason ont été lues par des millions de personnes, et le livre « L'homme le plus riche de Babylone » est devenu un classique moderne de la littérature économique.

Clason s'est marié deux fois, la première fois avec Ida Ann Venable et la seconde avec Anna Burt. Il est décédé à Napa, en Californie et a été enterré au cimetière national Golden Gate dans le comté de San Mateo, en Californie.

Avant-propos

Notre prospérité en tant que nation dépend de la prospérité financière personnelle de chacun d'entre nous en tant qu'individu.

Ce livre traite des réussites personnelles de chacun d'entre nous. Le succès signifie des réalisations qui sont le résultat de nos propres efforts et capacités. Une bonne préparation est la clé de notre réussite. Nos actes ne peuvent être plus sages que nos pensées. Nos pensées ne peuvent être plus sages que notre compréhension. Ce livre de remèdes pour les bourses maigres a été qualifié de guide de la compréhension financière. C'est en effet son but : offrir à ceux qui ont l'ambition de réussir financièrement un aperçu qui les aidera à acquérir de l'argent, à le conserver et à faire fructifier leurs excédents.

Dans les pages qui suivent, nous sommes ramenés à Babylone, le berceau dans lequel ont été nourris les principes de base de la finance aujourd'hui reconnus et utilisés dans le monde entier.

Aux nouveaux lecteurs, l'auteur est heureux de formuler le souhait que ses pages puissent contenir pour eux la même inspiration pour des comptes bancaires croissants, de plus grands succès financiers et la solution de problèmes financiers personnels difficiles, rapportés avec tant d'enthousiasme par les lecteurs d'un océan à l'autre.

Aux chefs d'entreprise qui ont distribué ces récits en quantités si généreuses à leurs amis, parents, employés et associés, l'auteur saisit cette occasion pour exprimer sa gratitude. Aucune approbation ne saurait être plus élevée que celle d'hommes pratiques qui apprécient ses enseignements parce qu'ils ont eux-mêmes connu d'importants succès en appliquant les principes mêmes qu'il préconise.

Babylone est devenue la ville la plus riche du monde antique parce que ses citoyens étaient les personnes les plus riches de leur époque. Ils appréciaient la valeur de l'argent. Ils pratiquaient des principes financiers sains pour acquérir de l'argent, le conserver et faire gagner plus d'argent à leur argent. Ils se procuraient ce que nous désirons tous... des revenus pour l'avenir.

G. S. C.

Une esquisse historique de Babylone

Dans les pages de l'histoire, il n'existe pas de ville plus glamour que Babylone. Son nom même évoque des visions de richesse et de splendeur. Ses trésors d'or et de bijoux étaient fabuleux. On imagine naturellement une ville aussi riche comme étant située dans un cadre approprié de luxe tropical, entourée de riches ressources naturelles, de forêts et de mines. Tel n'était pas le cas. Elle était située à côté du fleuve Euphrate, dans une vallée plate et aride. Il n'y avait pas de forêts, pas de mines — pas même de pierre pour la construction. Elle n'était même pas située sur une route commerciale naturelle. Les précipitations étaient insuffisantes pour faire pousser des cultures.

Babylone est un exemple exceptionnel de la capacité de l'homme à atteindre de grands objectifs, en utilisant tous les moyens à sa disposition. Toutes les ressources soutenant cette grande ville ont été développées par l'homme. Toutes ses richesses ont été fabriquées par l'homme.

Babylone ne possédait que deux ressources naturelles — un sol fertile et l'eau du fleuve. Avec l'une des plus grandes réalisations d'ingénierie de ce jour ou de tout autre jour, les ingénieurs babyloniens ont détourné les eaux du fleuve au moyen de barrages et d'immenses canaux d'irrigation. Ces canaux traversaient cette vallée aride pour déverser les eaux vivifiantes sur le sol fertile. Cela compte parmi les premiers exploits d'ingénierie connus de l'histoire. Des récoltes aussi abondantes que celles qui furent la récompense de ce système d'irrigation, le monde n'en avait jamais vu auparavant.

Heureusement, au cours de sa longue existence, Babylone a été dirigée par des lignées successives de rois pour qui la conquête et le pillage n'étaient qu'accessoires. Bien qu'elle se soit engagée dans de nombreuses guerres, la plupart d'entre elles étaient locales ou défensives contre des conquérants ambitieux d'autres pays qui convoitaient les fabuleux trésors de Babylone. Les souverains exceptionnels de Babylone vivent dans l'histoire en raison de leur sagesse, de leur esprit d'entreprise et de leur justice. Babylone n'a pas produit de monarques se pavanant qui cherchaient à conquérir le monde connu pour que toutes les nations puissent rendre hommage à leur égoïsme.

En tant que ville, Babylone n'existe plus. Lorsque les forces humaines énergisantes qui ont construit et entretenu la ville pendant des milliers d'années se sont retirées, elle est rapidement devenue une ruine déserte. Le site de la ville se trouve en Asie, à environ six cents mille à l'est du canal de Suez, juste au nord du golfe Persique. Sa latitude est d'approximativement trente degrés au-dessus de l'équateur, pratiquement la même que celle de Yuma, en Arizona. Elle possédait un climat similaire à celui de cette ville américaine, chaud et sec.

Aujourd'hui, cette vallée de l'Euphrate, autrefois une zone agricole irriguée très peuplée, est à nouveau un désert aride balayé par le vent. L'herbe maigre et les arbustes du désert luttent pour leur existence contre les sables balayés par le vent. Disparus sont les champs fertiles, les villes mammouths et les longues caravanes de riches marchandises. Les bandes nomades d'Arabes, qui gagnent leur maigre vie en gardant de petits troupeaux, sont les seuls habitants. Il en est ainsi depuis le début de l'ère chrétienne.

Des collines de terre parsèment cette vallée. Pendant des siècles, elles ont été considérées par les voyageurs comme n'étant rien d'autre. L'attention des archéologues a finalement été attirée par elles en raison des morceaux de poterie et de brique brisés emportés par les tempêtes de pluie occasionnelles. Des expéditions, financées par des musées européens et américains, ont été envoyées ici pour faire des fouilles et voir ce qui pouvait être trouvé. Les pioches et les pelles ont rapidement prouvé que ces collines étaient des villes anciennes. Des tombes urbaines, on pourrait bien les appeler.

Babylone était l'une d'entre elles. Sur elle, pendant quelque chose comme vingt siècles, les vents avaient dispersé la poussière du désert. Construite à l'origine en briques, tous les murs exposés s'étaient désintégrés et étaient retournés à la terre une fois de plus. Telle est Babylone, la ville riche, aujourd'hui. Un tas de terre, abandonné depuis si longtemps qu'aucune personne vivante ne connaissait même son nom jusqu'à ce qu'on le découvre en enlevant soigneusement les déchets des siècles dans les rues et les épaves tombées de ses nobles temples et palais.

De nombreux scientifiques considèrent la civilisation de Babylone et d'autres villes de cette vallée comme la plus ancienne dont il existe des traces précises. Des dates positives ont été prouvées, remontant à 8 000 ans.

Un fait intéressant à cet égard est le moyen utilisé pour déterminer ces dates. On a découvert dans les ruines de Babylone des descriptions d'une éclipse de soleil. Les astronomes modernes ont facilement calculé le moment où une telle éclipse, visible à Babylone, s'est produite et ont ainsi établi une relation connue entre leur calendrier et le nôtre.

Ainsi, nous avons prouvé qu'il y a 8 000 ans, les Sumériens, qui habitaient la Babylonie, vivaient dans des villes fortifiées. On ne peut que conjecturer pendant combien de siècles auparavant de telles cités avaient existé. Leurs habitants n'étaient pas de simples barbares vivants entre des murs protecteurs. C'était un peuple instruit et éclairé. D'après l'histoire écrite, ils étaient les premiers ingénieurs, les premiers astronomes, les premiers mathématiciens, les premiers financiers et le premier peuple à avoir une langue écrite.

Il a déjà été fait mention des systèmes d'irrigation qui ont transformé la vallée aride en un paradis agricole. Les vestiges de ces canaux peuvent encore être tracés, bien qu'ils soient pour la plupart remplis de sable accumulé. Certains d'entre eux étaient d'une taille telle que, lorsqu'ils étaient vides d'eau, on pouvait chevaucher une douzaine de chevaux de front sur leur fond. En termes de taille, ils se comparent favorablement aux plus grands canaux du Colorado et de l'Utah.

En plus d'irriguer les terres de la vallée, les ingénieurs babyloniens ont réalisé un autre projet d'une ampleur similaire. Grâce à un système de drainage élaboré, ils ont récupéré une immense zone de marécages à l'embouchure de l'Euphrate et du Tigre et l'ont également mise en culture.

Hérodote, le voyageur et historien grec, a visité Babylone alors qu'elle était à son apogée et nous a donné la seule description connue faite par un étranger. Ses écrits donnent une description graphique de la ville et de certaines des coutumes inhabituelles de ses habitants. Il mentionne la remarquable fertilité du sol et l'abondante récolte de blé et d'orge qu'il produisait.

La gloire de Babylone s'est fanée, mais sa sagesse a été préservée pour nous. Pour cela, nous sommes redevables à leur forme d'enregistrement. En cette époque lointaine, l'utilisation du papier n'avait pas été inventée. Au lieu de cela, ils gravaient laborieusement leurs écrits sur des tablettes d'argile humide. Une fois terminées, celles-ci étaient cuites et devenaient des tuiles dures. Leur taille était d'environ six pouces sur huit, et leur épaisseur d'un pouce.

Ces tablettes d'argile, comme on les appelle communément, étaient utilisées à peu près comme nous utilisons les formes d'écriture modernes. Sur elles étaient gravés des légendes, de la poésie, de l'histoire, des transcriptions de décrets royaux, les lois du pays, des titres de propriété, des billets à ordre et même des lettres qui étaient envoyées par des messagers dans des villes lointaines. Ces tablettes d'argile nous permettent d'avoir un aperçu des affaires intimes et personnelles du peuple. Par exemple, une tablette, provenant manifestement des archives d'un commerçant de campagne, raconte qu'à la date donnée, un certain client nommé a apporté une vache et l'a échangée contre sept sacs de blé, trois étant livrés à ce moment-là et les quatre autres devant attendre le bon plaisir du client.

Enterrées en toute sécurité dans les villes naufragées, les archéologues ont récupéré des bibliothèques entières de ces tablettes, par centaines de milliers.

L'une des merveilles remarquables de Babylone était les immenses murs qui entouraient la ville. Les anciens les classaient avec la grande pyramide d'Égypte comme faisant partie des « sept merveilles du monde ». La reine Sémiramis est créditée d'avoir érigé les premiers murs au début de l'histoire de la ville. Les excavateurs modernes n'ont pu trouver aucune trace des murs originaux. Leur hauteur exacte n'est pas non plus connue. D'après les mentions faites par les premiers écrivains, on estime qu'ils étaient d'environ cinquante à soixante pieds de haut, revêtus sur le côté extérieur de briques brûlées et protégés en outre par un profond fossé d'eau.

Les murs les plus récents et les plus célèbres ont été commencés environ six cents ans avant l'époque du Christ par le roi Nabopolassar. Il planifia la reconstruction à une échelle si gigantesque qu'il ne vécut pas assez longtemps pour voir le travail terminé. Celle-ci fut laissée à son fils, Nabuchodonosor, dont le nom est familier dans l'histoire biblique.

La hauteur et la longueur de ces murs ultérieurs laissent pantois. Selon des sources fiables, ils auraient eu une hauteur d'environ cent soixante pieds, soit l'équivalent de la hauteur d'un immeuble de bureaux moderne de quinze étages. La longueur totale est estimée entre neuf et onze miles. Le sommet était si large qu'un char à six chevaux pouvait en faire le tour. De cette formidable structure, il ne reste aujourd'hui que des portions des fondations et des douves. En plus des ravages des éléments, les Arabes ont achevé la destruction en extrayant la brique pour la construire ailleurs.

Contre les murs de Babylone ont marché, tour à tour, les armées victorieuses de presque tous les conquérants de cette époque de guerres de conquête. Une foule de rois ont assiégé Babylone, mais toujours en vain. Les armées d'invasion de cette époque ne devaient pas être considérées à la légère. Les historiens parlent d'unités telles que 10 000 cavaliers, 25 000 chars, 1200 régiments de fantassins avec 1000 hommes par régiment. Souvent, deux ou trois ans de préparation étaient nécessaires pour rassembler le matériel de guerre et les dépôts de nourriture le long de la ligne de marche proposée. La ville de Babylone était organisée comme une ville moderne. Il y avait des rues et des magasins.

Les colporteurs proposaient leurs marchandises dans les quartiers résidentiels. Les prêtres officiaient dans de magnifiques temples.

À l'intérieur de la ville se trouvait une enceinte intérieure pour les palais royaux. On dit que les murs de cette enceinte étaient plus hauts que ceux de la ville.

Les Babyloniens étaient habiles dans les arts. Ceux-ci comprenaient la sculpture, la peinture, le tissage, le travail de l'or et la fabrication d'armes et d'outils agricoles en métal. Leurs bijoutiers créaient des bijoux très artistiques.

De nombreux échantillons ont été récupérés dans les tombes de ses riches citoyens et sont désormais exposés dans les principaux musées du monde.

Très tôt, alors que le reste du monde taillait encore les arbres avec des haches à tête de pierre, ou chassait et combattait avec des lances et des flèches à pointe de silex, les Babyloniens utilisaient des haches, des lances et des flèches à tête métallique. Les Babyloniens étaient d'habiles financiers et commerçants. Pour autant que nous le sachions, ils ont été les premiers inventeurs de l'argent comme moyen d'échange, des billets à ordre et des titres de propriété écrits.

Babylone n'a jamais été pénétrée par des armées hostiles jusqu'à environ 540 ans avant la naissance du Christ.

Même à cette époque, les murs n'ont pas été capturés. L'histoire de la chute de Babylone est des plus inhabituelles. Cyrus, l'un des grands conquérants de cette période, avait l'intention d'attaquer la ville et espérait prendre ses murs imprenables.

Les conseillers de Nabonide, le roi de Babylone, le persuadèrent d'aller à la rencontre de Cyrus et de lui livrer bataille sans attendre que la ville soit assiégée. Lors de la défaite qui suivit, l'armée babylonienne s'enfuit de la ville. Cyrus, dès lors, entra par les portes ouvertes et prit possession sans résistance.

Par la suite, la puissance et le prestige de la ville ont progressivement diminué jusqu'à ce que, au cours de quelques centaines d'années, elle soit finalement abandonnée, désertée, laissée aux vents et aux tempêtes pour niveler à nouveau cette terre déserte à partir de laquelle sa grandeur avait été construite à l'origine. Babylone était tombée, pour ne plus jamais se relever, mais c'est à elle que la civilisation doit beaucoup.

Les éons du temps ont réduit en poussière les fiers murs de ses temples, mais la sagesse de Babylone perdure.

L'argent est le moyen par lequel le succès terrestre est mesuré.

L'argent permet de profiter de ce que la terre offre de mieux.

L'argent est abondant pour ceux qui comprennent les lois simples qui régissent son acquisition.

L'argent est régi aujourd'hui par les mêmes lois qui le contrôlaient lorsque les hommes prospères se pressaient dans les rues de Babylone, il y a six mille ans.

L'homme qui désirait de l'or

Bansir, le constructeur de chars de Babylone, était profondément découragé. De son siège sur le muret entourant sa propriété, il contemplait tristement sa simple maison et l'atelier ouvert dans lequel se trouvait un char partiellement achevé.

Sa femme apparaissait fréquemment à la porte ouverte. Ses regards furtifs dans sa direction lui rappelaient que le sac de repas était presque vide et qu'il devait être au travail pour terminer le char, marteler et tailler, polir et peindre, tendre le cuir sur les jantes des roues, le préparer pour la livraison afin qu'il puisse le récupérer auprès de son riche client.

Néanmoins, son corps gras et musclé était assis de manière statique sur le mur. Son esprit lent se débattait patiemment avec un problème pour lequel il ne trouvait aucune réponse.

Le soleil chaud et tropical, si typique de cette vallée de l'Euphrate, frappait sur lui sans pitié. Des perles de transpiration se formaient sur son front et ruisselaient inaperçues pour se perdre dans la jungle poilue de sa poitrine. Au-delà de sa maison s'élevait le haut mur en terrasses qui entourait le palais du roi. Tout près, fendant les cieux bleus, se dressait la tour peinte du temple de Bel. Dans l'ombre d'une telle grandeur se trouvait sa simple maison et beaucoup d'autres bien moins soignées et bien entretenues. Babylone était comme cela — un mélange de grandeur et de misère, de richesse éblouissante et de pauvreté extrême, entassés sans plan ni système dans les murs protecteurs de la ville.

Derrière lui, s'il avait pris la peine de se retourner et de regarder, les chars bruyants des riches bousculaient et écartaient les commerçants chaussés de sandales ainsi que les mendiants aux pieds nus. Même les riches étaient obligés de se tourner vers les caniveaux pour laisser le passage aux longues files d'esclaves porteurs d'eau, sur les « affaires du roi », chacun portant une lourde peau de chèvre d'eau à verser sur les jardins suspendus. Bansir était trop absorbé par son propre problème pour entendre ou tenir compte du brouhaha confus de la ville animée. C'est le tintement inattendu des cordes d'une lyre familière qui le sortit de sa rêverie. Il se retourna et regarda le visage sensible et souriant de son meilleur ami — Kobbi, le musicien.

« Que les Dieux te bénissent d'une grande libéralité, mon bon ami, » commença Kobbi avec un salut élaboré. « Pourtant, il semble bien qu'ils aient déjà été si généreux que tu n'as pas besoin de travailler. Je me réjouis avec toi de ta bonne fortune.

Plus encore, je voudrais même la partager avec toi. S'il te plaît, de ta bourse qui doit être bien remplie, sinon tu serais occupé dans ta boutique, retire deux humbles shekels et prête-les-moi jusqu'après le festin des nobles de cette nuit. Ils ne te manqueront pas avant qu'ils ne te soient rendus. »

« Si j'avais deux shekels », répondit Bansir d'un air sombre, « à personne je ne pourrais les prêter — même pas à toi, mon meilleur ami ; car ils seraient ma fortune — ma fortune entière. Personne ne prête toute sa fortune, pas même à son meilleur ami. »

« Quoi », s'exclame Kobbi avec une surprise sincère, « Tu n'as pas un seul shekel dans ta bourse, et pourtant tu es assis comme une statue sur un mur ! Pourquoi ne pas compléter ce char ? Comment pourrais-tu autrement subvenir à ton noble appétit ? Cela ne te ressemble pas, mon ami. Où est ton énergie inépuisable ? Quelque chose t'afflige ? Les Dieux t'ont-ils apporté des ennuis ? »

« Un tourment des Dieux, ce doit être », a convenu Bansir. « Cela a commencé par un rêve, un rêve insensé, dans lequel je pensais être un homme de moyens. À ma ceinture pendait une belle bourse, lourde de pièces. Il y avait des shekels que je jetais avec une liberté insouciante aux mendiants ; il y avait des pièces d'argent avec lesquelles j'achetais des parures pour ma femme et tout ce que je désirais pour moi-même ; il y avait des pièces d'or qui me faisaient me sentir assuré de l'avenir et qui ne craignaient pas de dépenser l'argent. Un glorieux sentiment de contentement m'habitait ! Vous ne m'auriez pas connu pour votre ami travailleur. Tu n'aurais pas non plus connu ma femme, tant son visage était exempt de rides et resplendissant de bonheur. Elle était à nouveau la jeune fille souriante de nos premiers jours de mariage. »

« Un rêve agréable, en effet », commente Kobbi, « mais pourquoi des sentiments aussi agréables que ceux qu'il a suscités devraient-ils te transformer en une statue morne sur le mur ? »

« Pourquoi, en effet ! Parce que lorsque je me suis réveillé et que je me suis souvenu combien ma bourse était vide, un sentiment de rébellion m'a envahi. Parlons-en ensemble, car, comme le disent les marins, nous sommes dans le même bateau, nous deux. Jeunes, nous allions ensemble chez les prêtres pour apprendre la sagesse. En tant que jeunes hommes, nous avons partagé les plaisirs de l'autre. En tant qu'hommes adultes, nous avons toujours été des amis proches. Nous avons été des sujets satisfaits de notre espèce. Nous avons été satisfaits de travailler de longues heures et de dépenser nos gains librement. Nous avons gagné beaucoup d'argent au cours des années qui ont passé, mais pour connaître les joies qui découlent de la richesse, nous devons en rêver. Bah ! Sommes-nous plus que des moutons muets ?

Nous vivons dans la ville la plus riche du monde. Les voyageurs disent qu'aucune ne l'égale en richesse.

Autour de nous, il y a beaucoup d'étalage de richesse, mais nous-mêmes n'en avons rien. Après la moitié d'une vie de dur labeur, toi, mon meilleur ami, tu as une bourse vide et tu me dis : « Puis-je emprunter la bagatelle de deux shekels jusqu'à la fin du festin des nobles cette nuit ? ». Alors, que dois-je répondre ? Est-ce que je dis : « Voici ma bourse ; je partagerai volontiers son contenu ? » Non, j'admets que ma bourse est aussi vide que la tienne. Quel est le problème ? Pourquoi ne pouvons-nous pas acquérir de l'argent et de l'or — plus qu'il n'en faut pour la nourriture et les robes ?

« Considérez aussi nos fils », poursuit Bansir, « ne suivent-ils pas les traces de leurs pères ? Doivent-ils, eux et leurs familles, leurs fils et les familles de leurs fils, vivre toute leur vie au milieu de tels trésoriers d'or, et pourtant, comme nous, se contenter de banquets de lait de chèvre aigre et de bouillie ? »

« Jamais, durant toutes les années de notre amitié, tu n'as parlé ainsi, Bansir. » Kobbi était perplexe.

« Jamais, au cours de toutes ces années, je n'ai pensé de la sorte. Depuis l'aube jusqu'à ce que l'obscurité m'arrête, j'ai travaillé à construire les plus beaux chars qu'un homme puisse fabriquer, espérant de tout cœur qu'un jour les Dieux reconnaîtraient mes mérites et m'accorderaient une grande prospérité. Cela, ils ne l'ont jamais fait. Enfin, je réalise qu'ils ne le feront jamais. Par conséquent, mon cœur est triste. Je souhaite être un homme de moyens. Je souhaite posséder des terres et du bétail, avoir de belles robes et des pièces de monnaie dans ma bourse. Je suis prêt à travailler pour ces choses avec toute la force de mon dos, avec toute l'habileté de mes mains, avec toute la ruse de mon esprit, mais je souhaite que mes efforts soient justement récompensés. Quel est le problème avec nous ? Je vous le demande à nouveau ! Pourquoi ne pouvons-nous pas avoir notre juste part des bonnes choses si abondantes pour ceux qui ont l'or avec lequel les acheter ? »

« Si seulement je connaissais une réponse ! « Répondit Kobbi.

« Pas mieux que toi, je suis satisfait. Les revenus que je tire de ma lyre s'épuisent rapidement. Je dois souvent faire des plans et des projets pour que ma famille n'ait pas faim. Aussi, dans ma poitrine, il y a un profond désir pour une lyre assez grande pour qu'elle puisse vraiment chanter les airs de musique qui surgissent dans mon esprit. Avec un tel instrument, je pourrais faire de la musique plus fine que ce que même le roi a entendu auparavant. »

« Tu devrais avoir une telle lyre. Aucun homme dans toute la Babylone ne pourrait la faire chanter plus agréablement ; s'il pouvait la faire chanter si agréablement, non seulement le roi, mais les Dieux eux-mêmes en seraient ravis. Mais comment pourrais-tu te la procurer alors que nous sommes tous deux aussi pauvres que les esclaves du roi ? Écoutez la cloche ! Les voilà qui arrivent. » Il désigna la longue colonne de porteurs d'eau à moitié nus et en sueur qui remontaient péniblement l'étroite rue de la rivière. Ils marchaient à cinq de front, chacun courbé sous une lourde chèvre d'eau.

« Une belle figure d'homme, celui qui les dirige. » Kobbi indiqua le porteur de la cloche qui marchait devant sans charge. « Un homme éminent dans son propre pays, c'est facile à voir. »

« Il y a beaucoup de bons personnages dans la lignée », a convenu Bansir, « des hommes aussi bons que nous. De grands hommes blonds du nord, des rieurs noirs du sud, des petits bruns des pays plus proches. Tous marchant ensemble de la rivière aux jardins, aller et retour, jour après jour, année après année. Rien du bonheur à attendre. Des lits de paille sur lesquels dormir — de la bouillie de céréales dures à manger. Ayez pitié des pauvres brutes, Kobbi ! »

« Je les plains. Pourtant, tu me fais voir combien nous sommes peu mieux lotis, hommes libres, bien que nous nous appelions. »

C'est la vérité, Kobbi, aussi désagréable que soit cette pensée. Nous ne voulons pas continuer année après année à vivre de façon servile. Travailler, travailler, travailler ! N'arrivant à rien. »

« Ne pourrions-nous pas découvrir comment les autres acquièrent de l'or et faire comme eux ? », s'enquiert Kobbi.

« Peut-être y a-t-il un secret que nous pourrions apprendre si nous cherchions auprès de ceux qui savent », répondit Bansir pensivement.

« Ce jour même, » suggéra Kobbi, « j'ai croisé notre vieil ami, Arkad, chevauchant son char d'or. Je dois dire qu'il n'a pas regardé par-dessus mon humble tête, comme beaucoup de gens de son rang pourraient considérer que c'est son droit. Au lieu de cela, il a fait un signe de la main pour que tous les spectateurs puissent le voir saluer et accorder son sourire d'amitié à Kobbi, le musicien. »

« On prétend qu'il est l'homme le plus riche de toute la Babylone », songea Bansir.

« Si riche que l'on dit que le roi sollicite son aide dorée dans les affaires du trésor », répondit Kobbi. « Si riche, » interrompit Bansir, «je crains que si je le rencontre dans l'obscurité de la nuit, je ne mette la main sur son gros portefeuille. »

« Balivernes », réprimanda Kobbi, « la richesse d'un homme ne réside pas dans la bourse qu'il porte. Une bourse bien remplie se vide rapidement s'il n'y a pas de flux d'or pour la remplir à nouveau. Arkad dispose d'un revenu qui garde constamment sa bourse pleine, peu importe à quel point il dépense libéralement. »

« Le revenu, voilà la chose », éjacula Bansir. « Je souhaite un revenu qui continuera à affluer dans ma bourse, que je sois assis sur le mur ou que je voyage dans des pays lointains. Arkad doit savoir comment un homme peut se faire un revenu. Pensez-vous que c'est quelque chose qu'il pourrait faire comprendre à un esprit aussi lent que le mien ? »

« Il me semble qu'il a enseigné son savoir à son fils, Nomasir », répondit Kobbi. « Ne s'est-il pas rendu à Ninive et, comme on le raconte à l'auberge, n'est-il pas devenu, sans l'aide de son père, l'un des hommes les plus riches de cette ville ? »

« Kobbi, tu m'apportes une pensée rare. » Une nouvelle lumière brilla dans les yeux de Bansir. « Cela ne coûte rien de demander un sage-conseil à un bon ami et Arkad a toujours été cela. Peu importe que nos bourses soient aussi vides que le nid de faucon d'il y a un an. Que cela ne nous retienne pas. Nous sommes fatigués d'être sans or au milieu de l'abondance. Nous souhaitons devenir des hommes de moyens. Venez, allons voir Arkad et demandons comment nous pouvons, nous aussi, acquérir des revenus pour nous-mêmes. »

« Tu parles avec une véritable inspiration, Bansir. Tu apportes à mon esprit une nouvelle compréhension. Tu me fais réaliser la raison pour laquelle nous n'avons jamais trouvé la moindre mesure de richesse. Nous ne l'avons jamais cherchée. Tu as travaillé patiemment pour construire les chars les plus solides de Babylone. Tu as consacré tes meilleurs efforts à cette fin. Par conséquent, tu y as réussi. Je me suis efforcé de devenir un habile joueur de lyre. Et j'y suis parvenu.

« Dans les choses pour lesquelles nous avons déployé nos meilleurs efforts, nous avons réussi. Les Dieux se sont contentés de nous laisser continuer ainsi. Maintenant, enfin, nous voyons une lumière, brillante comme celle du soleil levant. Elle nous demande d'apprendre davantage afin de pouvoir prospérer davantage. Avec une nouvelle compréhension, nous trouverons des moyens honorables d'accomplir nos désirs. »

« Allons voir Arkad aujourd'hui même », a insisté Bansir. « Demandons également à d'autres amis de notre enfance, qui n'ont pas mieux réussi que nous, de se joindre à nous pour qu'ils puissent, eux aussi, partager sa sagesse. »

« Tu as toujours été très attentif à tes amis, Bansir. C'est pourquoi tu as de nombreux amis. Il en sera comme tu le dis. Nous partons aujourd'hui et les emmenons avec nous. »

L'homme le plus riche de Babylone

Dans l'ancienne Babylone vivait un certain homme très riche nommé Arkad. Il était réputé dans le monde entier pour sa grande richesse. Il était également réputé pour sa libéralité. Il était généreux dans ses charités. Il était généreux envers sa famille. Il était libéral dans ses propres dépenses. Mais néanmoins, chaque année, sa richesse augmentait plus rapidement qu'il ne la dépensait.

Et il y avait certains amis de jeunesse qui vinrent le voir et lui dirent :

« Toi, Arkad, tu es plus chanceux que nous. Tu es devenu l'homme le plus riche de toute la Babylone alors que nous luttons pour exister. Tu peux porter les plus beaux vêtements et tu peux profiter des aliments les plus rares, tandis que nous devons nous contenter de vêtir nos familles d'habits présentables et de les nourrir du mieux que nous pouvons.

« Pourtant, autrefois, nous étions égaux. Nous avons étudié sous le même maître. Nous avons joué dans les mêmes jeux. Et ni dans les études ni dans les jeux, tu ne nous as surpassés. Et dans les années qui ont suivi, tu n'as pas été un citoyen plus honorable que nous.

« Vous n'avez pas non plus travaillé plus dur ou plus fidèlement, pour autant que nous puissions en juger. Pourquoi, alors, un destin capricieux devrait-il vous désigner pour profiter de toutes les bonnes choses de la vie et nous ignorer, nous qui sommes tout aussi méritants ? »

Sur ce, Arkad les réprimanda en disant : « Si vous n'avez pas acquis plus qu'une simple existence depuis que nous sommes jeunes, c'est parce que vous n'avez pas appris les lois qui régissent la construction de la richesse, ou bien, vous ne les observez pas.

« La Fortune est une déesse vicieuse qui n'apporte aucun bien permanent à quiconque. Au contraire, elle apporte la ruine à presque tous les hommes sur lesquels elle fait pleuvoir de l'or immérité. Elle fait des dépensiers sans scrupules, qui dissipent rapidement tout ce qu'ils reçoivent et se retrouvent assaillis par des appétits et des désirs accablants qu'ils n'ont pas la capacité de satisfaire. D'autres encore, qu'elle favorise, deviennent des malheureux et thésaurisent leurs richesses, craignant de dépenser ce qu'ils ont, sachant qu'ils ne possèdent pas la capacité de le remplacer. Ils sont en outre assaillis par la peur des voleurs et se condamnent à une vie de vide et de misère secrète.

« Il y en a probablement d'autres, qui peuvent prendre de l'or non gagné et en rajouter, et continuer à être des citoyens heureux et satisfaits. Mais ils sont si peu nombreux que je ne les connais que par ouï-dire. Pensez aux hommes qui ont hérité d'une richesse soudaine, et voyez si ces choses ne sont pas ainsi. »

Ses amis ont admis que, parmi les hommes qu'ils connaissaient qui avaient hérité de richesses, ces paroles étaient vraies, et ils l'ont supplié de leur expliquer comment il était devenu propriétaire de tant de prospérité, alors il a continué :

« Dans ma jeunesse, j'ai regardé autour de moi et j'ai vu toutes les bonnes choses qu'il y avait pour apporter le bonheur et le contentement. Et j'ai réalisé que la richesse augmentait la puissance de toutes ces choses. La richesse est un pouvoir. Avec la richesse, beaucoup de choses sont possibles.

« On peut orner sa maison avec le plus riche des meubles. On peut naviguer sur les mers lointaines. On peut se régaler des délices des pays lointains. On peut acheter les ornements du travailleur de l'or et du polisseur de pierres. On peut même construire de puissants temples pour les dieux. On peut faire toutes ces choses et beaucoup d'autres dans lesquelles il y a un plaisir pour les sens et une gratification pour l'âme.

« Et, lorsque j'ai réalisé tout cela, j'ai décidé que je réclamerais ma part des bonnes choses de la vie. Je ne serais pas de ceux qui se tiennent à l'écart, regardant avec envie les autres profiter. Je ne me contenterai pas de me vêtir des habits les moins chers qui paraissent respectables. Je ne me contenterai pas du sort d'un pauvre. Au contraire, je me ferai l'invité de ce banquet de bonnes choses.

« Étant, comme vous le savez, le fils d'un humble commerçant, l'un des membres d'une grande famille sans espoir d'héritage, et n'étant pas doté, comme vous l'avez si franchement dit, de pouvoirs ou d'une sagesse supérieure, j'ai décidé que si je devais atteindre ce que je désirais, du temps et des études seraient nécessaires.

« Quant au temps, tous les hommes en ont en abondance. Vous, chacun de vous, avez laissé passer suffisamment de temps pour vous enrichir. Pourtant, vous l'avouez, vous n'avez rien à montrer, sinon vos bonnes familles, dont vous pouvez être fiers à juste titre.

« Quant à l'étude, notre sage maître ne nous a-t-il pas enseigné que l'apprentissage était de deux sortes : l'une étant les choses que nous apprenions et savions, et l'autre étant l'entraînement qui nous apprenait comment découvrir ce que nous ne savions pas ?

« C'est pourquoi j'ai décidé de découvrir comment on pouvait accumuler des richesses, et quand je l'aurais découvert, d'en faire ma tâche et de bien la faire. En effet, n'est-il pas sage de jouir pendant que nous demeurons dans la clarté du soleil, car suffisamment de peines s'abattront sur nous lorsque nous partirons pour les ténèbres du monde de l'esprit ?

« J'ai trouvé un emploi de scribe dans le hall des archives, et chaque jour, pendant de longues heures, je travaillais sur les tablettes d'argile. Semaine après semaine et mois après mois, je travaillais, mais je n'avais rien à montrer pour mes gains. La nourriture, les vêtements, les pénitences aux dieux et d'autres choses dont je ne me souviens pas, absorbaient tous mes gains. Mais ma détermination ne m'a pas quitté.

« Un jour, Algamish, le prêteur d'argent, se rendit à la maison du maître de la ville et commanda un exemplaire de la Neuvième Loi, et il me dit : ' Je dois avoir cela dans deux jours, et si la tâche est accomplie d'ici là, je te donnerai deux pièces de cuivre.'

« Je travaillais donc dur, mais la loi fut longue, et quand Algamish revint, la tâche était inachevée.

« Il était en colère, et si j'avais été son esclave, il m'aurait battu. Mais sachant que le maître de la ville ne lui permettrait pas de me blesser, je n'avais pas peur et je lui ai dit : 'Algamish, tu es un homme très riche. Dis-moi comment je peux aussi devenir riche, et toute la nuit, je sculpterai sur l'argile, et quand le soleil se lèvera, il sera achevé'.

« Il m'a souri et m'a répondu : 'Vous êtes un frimeur, mais nous appellerons cela une affaire'.

« Toute cette nuit, j'ai sculpté, bien que mon dos me fasse mal et que l'odeur de la mèche me fasse mal à la tête jusqu'à ce que mes yeux puissent à peine voir. Mais quand il revint au lever du soleil, les tablettes étaient complètes.

« Maintenant, » ai-je dit, « dites-moi ce que vous avez promis. »

« Tu as rempli ta part de notre marché, mon fils », m'a-t-il dit gentiment, « et je suis prêt à remplir la mienne. Je te dirai ces choses que tu souhaites savoir, car je deviens un vieil homme, et une vieille langue aime à remuer. Et lorsque la jeunesse vient demander conseil à l'âge, elle reçoit la sagesse des années. Mais trop souvent, la jeunesse pense que l'âge ne connaît que la sagesse des jours qui sont passés, et ne profite donc pas. Mais souviens-toi que le soleil qui brille aujourd'hui est le soleil qui brillait lorsque ton père est né, et qu'il brillera encore lorsque ton dernier petit-enfant passera dans les ténèbres.

« Les pensées de la jeunesse, poursuit-il, sont des lumières vives qui brillent comme les météores qui rendent continuellement le ciel brillant, mais la sagesse de l'âge est comme les étoiles fixes qui brillent de façon si inchangée que le marin peut compter sur elles pour diriger sa route.

« Retenez bien mes paroles, car si vous ne le faites pas, vous ne saisirez pas la vérité que je vais vous dire, et vous penserez que le travail de votre nuit a été vain ».

« Puis il m'a regardé d'un air sagace sous ses sourcils hirsutes et a dit d'un ton bas et énergique, 'J'ai trouvé la voie de la richesse lorsque j'ai décidé qu'une partie de tout ce que je gagnais était à moi. Et il en sera de même pour vous.'

« Puis il a continué à me regarder avec un regard que je sentais me transpercer, mais n'en a pas dit plus.

« C'est tout ? », ai-je demandé.

« Cela a suffi à transformer le cœur d'un éleveur de moutons en cœur d'un prêteur d'argent », a-t-il répondu.

« Mais tout ce que je gagne est à moi, n'est-ce pas ? » ai-je demandé.

« Loin de là », a-t-il répondu. Ne payez-vous pas le fabricant de vêtements ? Ne payez-vous pas le fabricant de sandales ? Ne payez-vous pas ce que vous mangez ? Pouvez-vous vivre à Babylone sans dépenser ? Qu'as-tu à montrer pour tes gains de la bouche passée ? Qu'as-tu pour l'année écoulée ? Imbécile ! Tu payes à tout le monde sauf à toi-même. Abruti, tu travailles pour les autres. Autant être un esclave et travailler pour ce que ton maître te donne à manger et à porter. Si tu gardais pour toi un dixième de tout ce que tu gagnes, combien aurais-tu en dix ans ? »

« Ma connaissance des chiffres ne m'a pas abandonné, et j'ai répondu : 'Autant que ce que je gagne en un an'.

« Vous ne dites que la moitié de la vérité », a-t-il rétorqué. "Chaque pièce d'or que vous économisez est un esclave qui travaillera pour vous. Chaque cuivre qu'il gagne est son enfant qui peut aussi gagner pour vous. Si tu veux devenir riche, alors ce que tu économises doit gagner, et ses enfants doivent gagner, afin que tous contribuent à te donner l'abondance que tu désires. « Vous pensez que je vous escroque pour votre longue nuit de travail », a-t-il poursuivi, « mais je vous paie mille fois plus si vous avez l'intelligence de saisir la vérité que je vous offre.

« Une partie de tout ce que vous gagnez est à votre disposition. Elle ne doit pas être inférieure à un dixième, quel que soit le montant de vos revenus. Cela peut être autant plus que vous pouvez vous le permettre. Payez-vous d'abord vous-même. N'achetez pas au fabricant de vêtements et au fabricant de sandales plus que ce que vous pouvez payer avec le reste et avoir encore assez pour la nourriture, la charité et la pénitence envers les dieux.

« La richesse, comme un arbre, pousse à partir d'une minuscule graine. Le premier cuivre que vous économisez est la graine à partir de laquelle poussera votre arbre de la richesse. Plus tôt, vous planterez cette graine, plus tôt l'arbre poussera. Et plus vous nourrissez et arrosez fidèlement cet arbre avec des économies constantes, plus tôt vous pourrez vous prélasser dans le contentement sous son ombre'.

« En disant cela, il prit ses tablettes et s'en alla.

« J'ai beaucoup réfléchi à ce qu'il m'avait dit, et cela me semblait raisonnable. Je décidai donc de l'essayer. Chaque fois que j'étais payé, je prenais une de chaque dizaine de pièces de cuivre et je la cachais. Et aussi étrange que cela puisse paraître, je n'étais pas moins riche qu'avant. Je ne remarquais guère de différence, car je parvenais à m'en passer. Mais souvent, j'étais tenté, alors que mon magot commençait à grossir, de le dépenser pour certaines des bonnes choses que les marchands exposaient, apportées par chameaux et bateaux du pays des Phéniciens. Mais je m'abstenais sagement. « Un douzième mois après le départ d'Algamish, il revint et me dit : 'Fils, t'es-tu versé à toi-même pas moins d'un dixième de tout ce que tu as gagné pendant l'année écoulée ?'.

« J'ai répondu fièrement : 'Oui, maître, je l'ai fait. C'est bien, m'a-t-il répondu en rayonnant, et qu'en avez-vous fait ?'

« Je l'ai donné à Azmur, le fabricant de briques, qui m'a dit qu'il voyageait sur les mers lointaines et qu'à Tyr, il achèterait pour moi les bijoux rares des Phéniciens. À son retour, nous les vendrons à prix fort et nous partagerons les gains. »

« Tout imbécile doit apprendre », grogna-t-il, « mais pourquoi se fier aux connaissances d'un fabricant de briques sur les bijoux ? Iriez-vous voir le fabricant de pain pour vous renseigner sur les étoiles ? Non, par ma tunique, vous iriez chez l'astrologue, si vous aviez le pouvoir de penser. Tes économies ont disparu, jeune homme, tu as arraché ton arbre de la richesse par les racines. Mais plantez-en un autre. Essaie encore. Et la prochaine fois, si tu veux des conseils sur les bijoux, va chez le marchand de bijoux. Si tu veux savoir la vérité sur les moutons, va voir le gardien de troupeau. Les conseils sont une chose que l'on donne gratuitement, mais veillez à ne prendre que ce qui en vaut la peine. Celui qui prend conseil sur ses économies auprès d'une personne inexpérimentée en la matière, devra payer de ses économies pour prouver la fausseté de leurs opinions. » En disant cela, il s'en alla.

« Et ce fut comme il l'avait dit. Car les Phéniciens sont des scélérats et ont vendu à Azmur des morceaux de verre sans valeur qui ressemblaient à des pierres précieuses. Mais comme Algamish me l'avait demandé, j'ai de nouveau économisé chaque dixième de cuivre, car j'en avais maintenant pris l'habitude et ce n'était plus difficile.

« De nouveau, douze mois plus tard, Algamish est venu dans la salle des scribes et s'est adressé à moi.

« Quels progrès avez-vous fait depuis la dernière fois que je vous ai vu ? »

« Je me suis payé fidèlement », ai-je répondu, « et mes économies, je les ai confiées à Agger, le fabricant de boucliers, pour qu'il achète du bronze, et chaque quatrième mois, il me verse le loyer. »

« C'est bien. Et que faites-vous avec la location ? »

« Je fais un grand festin avec du miel, du vin fin et des gâteaux épicés. Je me suis aussi acheté une tunique écarlate. Et un jour, je m'achèterai un jeune âne sur lequel je pourrai monter. » Ce à quoi Algamish répondit en riant : « Tu manges les enfants de tes économies. Alors comment voulez-vous qu'ils travaillent pour vous ?

Et comment peuvent-ils avoir des enfants qui travailleront aussi pour vous ?

Procure-toi d'abord une armée d'esclaves d'or et ensuite, tu pourras profiter sans regret de nombreux et riches banquets. » En disant cela, il s'en alla de nouveau.

« Je ne le revis pas non plus pendant deux ans, quand il revint une fois de plus, son visage était plein de rides profondes et ses yeux s'affaissaient, car il devenait un très vieil homme. Et il me dit : « Arkad, as-tu déjà atteint la richesse dont tu rêvais ? » Et je répondis : « Pas encore tout ce que je désire, mais j'en ai une partie, et elle gagne plus, et ses gains gagnent plus. »

« Et vous suivez toujours les conseils des fabricants de briques ? »

« Sur la fabrication des briques, ils donnent de bons conseils », ai-je rétorqué.

« Arkad, » a-t-il poursuivi, « tu as bien appris tes leçons. Tu as d'abord appris à vivre avec moins que ce que tu pouvais gagner. Ensuite, vous avez appris à demander conseil à ceux qui étaient compétents, par leurs propres expériences, pour le donner. Et, enfin, vous avez appris à faire travailler l'or pour vous. »

« Vous avez appris vous-même comment acquérir de l'argent, comment le conserver et comment l'utiliser. Par conséquent, vous êtes compétent pour un poste à responsabilités. Je deviens un vieil homme. Mes fils ne pensent qu'à dépenser et ne pensent pas à gagner de l'argent. Mes intérêts sont grands et je crains qu'il y ait trop de choses dont je puisse m'occuper. Si tu veux bien aller à Nippur et t'occuper de mes terres là-bas, je ferai de toi mon associé et tu partageras mes biens. »

« Je me rendis donc à Nippur et pris en charge ses biens, qui étaient importants. Et parce que j'étais plein d'ambition et que j'avais maîtrisé les trois lois de la gestion réussie des richesses, j'ai pu augmenter considérablement la valeur de ses propriétés.

Je prospérais donc beaucoup, et lorsque l'esprit d'Algamish s'en alla dans la sphère des ténèbres, je partageai ses biens comme il l'avait prévu par la loi. » Ainsi parla Arkad, et lorsqu'il eut terminé son récit, un de ses amis dits : « Tu as vraiment eu de la chance qu'Algamish t'ait fait un héritier. »

« Chanceux seulement en ce sens que j'avais le désir de prospérer avant de le rencontrer pour la première fois. Pendant quatre ans, n'ai-je pas prouvé la fermeté de mes intentions en gardant un dixième de tout ce que j'ai gagné ? Qualifieriez-vous de chanceux un pêcheur qui, durant des années, a tellement étudié les habitudes des poissons qu'à chaque changement de vent, il a pu jeter ses filets sur eux ? L'opportunité est une déesse hautaine qui ne perd pas de temps avec ceux qui ne sont pas préparés. »

« Vous avez fait preuve d'une grande volonté pour continuer après avoir perdu les économies de votre première année. Vous êtes inhabituel en ce sens », a déclaré un autre.

« La volonté !», a rétorqué Arkad. « Quelle absurdité. Pensez-vous que la volonté donne à un homme la force de soulever un fardeau que le chameau ne peut pas porter, ou de tirer une charge que les bœufs ne peuvent pas bouger ? La volonté n'est que l'intention inébranlable de mener à bien une tâche que vous vous êtes fixée. Si je me fixe une tâche, aussi insignifiante soit-elle, je la mènerai à bien. Sinon, comment pourrais-je avoir confiance en moi pour faire des choses importantes ? Si je me dis : « Pendant cent jours, lorsque je traverserai le pont pour entrer dans la ville, je ramasserai un caillou sur la route et le jetterai dans le ruisseau », je le ferai.

Si le septième jour, je passais sans me souvenir, je ne me dirai pas : « Demain, je jetterai deux cailloux qui feront aussi bien l'affaire ». Au contraire, je reviendrai sur mes pas et je le caillou. Le vingtième jour, je ne me dirais pas non plus : « Arkad, c'est inutile. À quoi cela te sert-il de jeter un caillou tous les jours ? Jettes-en une poignée et finis-en avec ça ». Non, je ne dirais pas cela ni ne le ferais. »

« Lorsque je me fixe une tâche, je l'accomplis. C'est pourquoi je fais attention à ne pas me lancer dans des tâches difficiles et peu pratiques, car j'aime les loisirs. »

Puis un autre ami a pris la parole et a dit : « Si ce que tu racontes est vrai, et cela semble, comme tu l'as dit, raisonnable, alors étant si simple, si tous les hommes le faisaient, il n'y aurait pas assez de richesses pour tous. »

« La richesse croît partout où les hommes exercent leur énergie », a répondu Arkad. « Si un homme riche lui construit un nouveau palais, l'or qu'il a versé est-il perdu ? Non, le maçon en a une partie, l'ouvrier en a une partie et l'artiste en a une partie. Et tous ceux qui travaillent à la maison en ont une partie. Pourtant, lorsque le palais est achevé, ne vaut-il pas tout ce qu'il a coûté ? Et le sol sur lequel il se dresse ne vaut-il pas plus parce qu'il est là ? Et le terrain qui le jouxte ne vaut-il pas plus parce qu'il est là ? La richesse croît de façon magique. Aucun homme ne peut en prophétiser la limite. Les Phéniciens n'ont-ils pas construit de grandes villes sur des côtes stériles avec la richesse que leur procurent leurs navires de commerce sur les mers ? »

« Que nous conseillez-vous donc de faire pour que nous devenions nous aussi riches ? » demanda encore un autre de ses amis. « Les années ont passé et nous ne sommes plus de jeunes hommes et nous n'avons rien mis de côté. »

« Je vous conseille de suivre la sagesse d'Algamish et de vous dire à vous-mêmes : 'Une partie de tout ce que je gagne est à moi'. Dites-le le matin quand vous vous levez pour la première fois. Dites-le à midi. Dites-le le soir. Dites-le à chaque heure de chaque jour. Dites-le à vous-même jusqu'à ce que les mots se détachent comme des lettres de feu dans le ciel.

« Impressionnez-vous avec l'idée. Remplissez-vous de la pensée. Puis prenez la portion qui vous semble sage. Que ce ne soit pas moins d'un dixième et mettez-le de côté. Arrangez vos autres dépenses pour le faire si nécessaire. Mais mettez d'abord de côté cette partie. Bientôt, vous vous rendrez compte de la richesse du sentiment de posséder un trésor sur lequel vous êtes le seul à avoir des droits. Au fur et à mesure qu'il grandira, il vous stimulera. Une nouvelle joie de vivre vous fera vibrer.

De plus grands efforts vous seront demandés pour gagner plus. Car sur vos gains accrus, le même pourcentage ne vous reviendra-t-il pas ?

« Alors, apprenez à faire travailler votre trésor pour vous. Fais-en ton esclave. Fais travailler ses enfants et les enfants de ses enfants pour toi.

« Assure-toi un revenu pour ton avenir. Regarde les personnes âgées et n'oublie pas que dans les jours à venir, tu seras aussi compté parmi elles. Investis donc ton trésor avec la plus grande prudence pour qu'il ne soit pas perdu. Les taux de rendement usuraires sont des sirènes trompeuses qui ne chantent que pour attirer les imprudents sur les rochers de la perte et du remords.

« Prévois également que ta famille ne soit pas dans le besoin si les Dieux t'appellent dans leurs royaumes. Pour une telle protection, il est toujours possible de faire des provisions avec de petits versements à intervalles réguliers. C'est pourquoi l'homme prévoyant ne tarde pas à attendre qu'une grosse somme soit disponible pour un objectif aussi sage. « Consultez des hommes sages. Demandez conseil à des hommes dont le travail quotidien consiste à manipuler de l'argent. Laissez-les vous éviter une erreur telle que celle que j'ai moi-même commise en confiant mon argent au jugement d'Azmur, le briquetier. Un petit rendement et un rendement sûr sont bien plus souhaitables que le risque.

« Profitez de la vie pendant que vous êtes ici. Ne vous surmenez pas et n'essayez pas d'économiser trop. Si un dixième de tout ce que vous gagnez est la somme que vous pouvez confortablement garder, contentez-vous de cette portion. Vivez autrement en fonction de vos revenus et ne vous laissez pas aller à la pingrerie et à la peur de dépenser. La vie est belle et la vie est riche de choses valables et de choses à apprécier. »

Ses amis l'ont remercié et sont partis. Certains étaient silencieux parce qu'ils n'avaient pas d'imagination et ne pouvaient pas comprendre. Certains étaient sarcastiques parce qu'ils pensaient qu'une personne aussi riche devait se séparer de vieux amis moins fortunés. Mais certains avaient dans leurs yeux une nouvelle lumière. Ils réalisèrent qu'Algamish était revenu chaque fois dans la salle des scribes parce qu'il observait un homme qui travaillait à sortir des ténèbres vers la lumière. Lorsque cet homme avait trouvé la lumière, une place l'attendait. Personne ne pouvait occuper cette place tant qu'il n'avait pas lui-même travaillé à sa propre compréhension, tant qu'il n'était pas prêt à saisir l'occasion.

Ce sont ces derniers qui, au cours des années suivantes, ont fréquemment rendu visite à Arkad, qui les a reçus avec plaisir. Il les a conseillés et leur a fait profiter de sa sagesse, comme les hommes de grande expérience sont toujours heureux de le faire. Et il les aida à investir leurs économies de manière à ce qu'elles rapportent un bon intérêt en toute sécurité et ne soient ni perdues ni empêtrées dans des investissements qui ne rapportent aucun dividende.

Le tournant dans la vie de ces hommes s'est produit ce jour-là, lorsqu'ils ont réalisé la vérité qui était venue d'Algamish à Arkad et d'Arkad à eux.

UNE PARTIE DE TOUT CE QUE VOUS GAGNEZ EST À VOUS.

Sept remèdes pour un sac à main maigre

La gloire de Babylone perdure. À travers les âges, sa réputation nous parvient comme la plus riche des cités, ses trésors comme fabuleux.

Pourtant, il n'en a pas toujours été ainsi. Les richesses de Babylone étaient les résultats de la sagesse de son peuple. Ils ont d'abord dû apprendre à s'enrichir.

Lorsque le bon roi, Sargon, est rentré à Babylone après avoir vaincu ses ennemis, les Élamites, il a été confronté à une situation grave. Le chancelier royal l'expliqua ainsi au roi :

« Après de nombreuses années de grande prospérité apportées à notre peuple parce que votre majesté a construit les grands canaux d'irrigation et les puissants temples des Dieux, maintenant que ces travaux sont terminés, le peuple semble incapable de subvenir à ses besoins.

« Les ouvriers sont sans emploi. Les marchands ont peu de clients. Les agriculteurs ne parviennent pas à vendre leurs produits. Le peuple n'a pas assez d'or pour acheter de la nourriture. »

« Mais où est passé tout l'or que nous avons dépensé pour ces grandes améliorations ? » demanda le roi.

« Il a trouvé son chemin, je le crains, » répondit le Chancelier, « en la possession de quelques hommes très riches de notre ville. Il a filtré entre les doigts de la plupart de nos gens aussi rapidement que le lait de chèvre passe à travers la passoire. Maintenant que le flot d'or a cessé de couler, la plupart de nos gens n'ont plus rien pour travailler. »

Le roi resta pensif pendant un certain temps. Puis il demanda : « Pourquoi si peu d'hommes ont-ils pu acquérir tout l'or ? »

« Parce qu'ils savent comment », a répondu le Chancelier. « On ne peut pas condamner un homme qui réussit parce qu'il sait comment faire. On ne peut pas non plus, avec justice, enlever à un homme ce qu'il a justement gagné, pour le donner à des hommes moins doués. »

« Mais pourquoi, » demanda le roi, « tout le peuple ne devrait-il pas apprendre à accumuler de l'or et donc devenir lui-même riche et prospère ? » Tout à fait possible, votre excellence. Mais qui peut leur enseigner ? Certainement pas les prêtres, car ils ne connaissent rien à la fabrication de l'argent. »

« Qui, dans toute notre ville, sait le mieux comment devenir riche, Chancelier ? », a demandé le Roi.

« Votre question se répond d'elle-même, votre majesté. Qui a amassé les plus grandes richesses, à Babylone ? »

« Bien dit, mon habile chancelier. C'est Arkad. C'est l'homme le plus riche de Babylone. Amenez-le devant moi le lendemain. »

Le jour suivant, comme le Roi l'avait décrété, Arkad se présenta devant lui, droit et plein d'entrain malgré ses soixante-dix ans.

« Arkad, » dit le roi, « est-ce vrai que tu es l'homme le plus riche de Babylone ? »

« C'est ce que l'on rapporte, Votre Majesté, et personne ne le conteste. « Comment es-tu devenu si riche ? » »

« En profitant des opportunités offertes à tous les citoyens de notre bonne ville. »

« Tu n'avais rien pour commencer ? »

« Seulement un grand désir de richesse. À part ça, rien. »

« Arkad, poursuit le roi, notre ville est dans un état très malheureux, parce que quelques hommes savent comment acquérir des richesses et donc les monopoliser, tandis que la masse de nos citoyens ne sait pas comment conserver une partie de l'or qu'ils reçoivent. »

Je souhaite que Babylone soit la ville la plus riche du monde. Par conséquent, elle doit être une ville de nombreux hommes riches. Par conséquent, nous devons enseigner à tout le peuple comment acquérir des richesses. Dis-moi, Arkad, y a-t-il un secret pour acquérir des richesses ? Peut-il être enseigné ? »

« C'est pratique, votre majesté. Ce qu'un homme sait peut-être enseigner aux autres. »

Les yeux du roi ont brillé. « Arkad, tu prononces les mots que je souhaite entendre. Veux-tu te prêter à cette grande cause ? Veux-tu transmettre tes connaissances à une école de professeurs, dont chacun enseignera à d'autres jusqu'à ce qu'il y ait suffisamment de personnes formées pour enseigner ces vérités à chaque sujet digne de ce nom dans mon domaine ? »

Arkad s'inclina et dit : « Je suis ton humble serviteur à commander. Quel que soit le savoir que je possède, je le donnerai volontiers pour le mieux-être de mes semblables et la gloire de mon Roi. Que ton bon chancelier m'arrange une classe de cent hommes, et je leur enseignerai ces sept remèdes qui ont engraissé ma bourse, à laquelle il n'y avait pas plus maigre dans toute Babylone. »

Quinze jours plus tard, conformément à l'ordre du roi, les cent élus se rassemblèrent dans la grande salle du Temple du Savoir, assis sur des anneaux colorés en demi-cercle. Arkad était assis à côté d'un petit tabouret sur lequel fumait une lampe sacrée dégageant une odeur étrange et agréable.

« Voici l'homme le plus riche de Babylone », a chuchoté un étudiant, en poussant son voisin alors qu'Arkad se levait. « Il n'est qu'un homme comme le reste d'entre nous. »

« En tant que sujet dévoué de notre grand Roi, » a commencé Arkad, « je me tiens devant vous à son service. »

Parce que j'étais autrefois un pauvre jeune homme qui désirait ardemment l'or, et parce que j'ai trouvé le savoir qui m'a permis de l'acquérir, il me demande de te transmettre mon savoir.

« J'ai commencé ma fortune de la manière la plus humble. Je n'avais aucun avantage dont vous et chaque citoyen de Babylone ne jouissiez pas aussi pleinement. »

Le premier entrepôt de mon trésor était une bourse de puits. Je détestais son vide inutile. Je désirais qu'elle soit ronde et pleine, qu'elle cliquette avec le son de l'or.

J'ai donc cherché tous les remèdes pour une bourse maigre. J'en ai trouvé sept.

« À vous, qui êtes assemblés devant moi, j'expliquerai les sept remèdes pour une bourse maigre que je recommande à tous les hommes qui désirent beaucoup d'or. Chaque jour, pendant sept jours, je vous expliquerai l'un des sept remèdes.

« Écoutez attentivement la connaissance que je vais vous transmettre. Débattez-en avec moi. Discutez-en entre vous. Apprenez ces leçons à fond, afin que vous puissiez aussi planter dans votre propre bourse la graine de la richesse. D'abord, chacun de vous doit commencer sagement à bâtir sa propre fortune. Alors, tu seras compétent, et seulement alors, pour enseigner ces vérités aux autres.

« Je vous enseignerai par des moyens simples comment engraisser vos bourses. C'est la première marche qui mène au temple de la richesse et nul ne peut monter s'il ne peut planter fermement ses pieds sur la première marche.

« Nous allons maintenant examiner le premier remède. »

Le premier remède : Commencez votre bourse à grossir.

Arkad s'est adressé à un homme pensif au deuxième rang. « Mon bon ami, à quel métier travailles-tu ? »

« Moi, » répondit l'homme, « je suis un scribe et je grave des documents sur les tablettes d'argile. »

« Même à un tel labeur, j'ai moi-même gagné mes premiers cuivres. Par conséquent, tu as la même opportunité de bâtir une fortune. »

Il s'adressa à un homme au visage fleuri, plus loin derrière. « Dis-moi aussi ce que tu fais pour gagner ton pain ? »

« Moi, » répondit cet homme, « je suis un boucher. J'achète les chèvres que les agriculteurs élèvent, je les tue et je vends la viande aux ménagères et les peaux aux fabricants de sandales. »

« Parce que tu travailles et gagnes aussi, tu as tous les avantages pour réussir que je possédais. »

C'est ainsi qu'Arkad a procédé pour découvrir comment chaque homme travaillait pour gagner sa vie. Lorsqu'il eut fini de les interroger, il dit :

« Maintenant, mes étudiants, vous pouvez voir qu'il existe de nombreux métiers et travaux auxquels les hommes peuvent gagner des pièces. Chacune des façons de gagner est un flux d'or dont l'ouvrier détourne par son travail une partie pour sa propre bourse. C'est pourquoi dans la bourse de chacun de vous coule un flot de pièces de monnaie, grandes ou petites, selon sa capacité. N'en est-il pas ainsi ? »

Sur ce, ils convinrent qu'il en était ainsi. « Alors, » continua Arkad, «si chacun d'entre vous désire se construire une fortune, n'est-il pas sage de commencer par utiliser la source de richesse qu'il a déjà établie ? »

Ils ont accepté.

Puis Arkad se tourna vers un humble homme qui s'était déclaré marchand d'œufs. « Si tu choisis un de tes paniers et que tu y mets chaque matin dix œufs et que tu en retires chaque soir neuf œufs, que se passera-t-il finalement ? »

« Elle deviendra avec le temps débordant. »

« Pourquoi ? »

« Parce que chaque jour, je mets un œuf de plus que je n'en sors. »

Arkad s'est tourné vers la classe avec un sourire. « Est-ce qu'un homme ici a une bourse maigre ? »

Ils ont d'abord eu l'air amusé. Puis, elles ont ri. Enfin, ils ont agité leur sac à main en guise de plaisanterie.

« Très bien », a-t-il poursuivi, « Je vais maintenant te raconter le premier remède que j'ai appris pour soigner une bourse maigre.

Fais exactement ce que j'ai suggéré au marchand d'œufs. Pour chaque dizaine de pièces que tu places dans ton porte-monnaie, n'en sors que neuf. Ton porte-monnaie commencera à grossir immédiatement et son poids croissant sera agréable dans ta main et apportera de la satisfaction à ton âme.

« Ne dédaigne pas ce que je dis à cause de sa simplicité. La vérité est toujours simple. Je t'ai dit que je raconterais comment j'ai bâti ma fortune. Voici mes débuts. Moi aussi, je portais une bourse maigre et je la maudissais parce qu'il n'y avait rien dedans pour satisfaire mes désirs. Mais lorsque j'ai commencé à retirer de ma bourse les neuf parts sur dix que j'y mettais, elle a commencé à grossir. Il en sera de même pour la tienne.

« Je vais maintenant vous dire une étrange vérité, dont j'ignore la raison. Lorsque j'ai cessé de verser plus des neuf dixièmes de mes gains, je me suis débrouillé tout aussi bien. Je n'étais pas plus petit qu'avant. De même, avant longtemps, les pièces de monnaie me sont venues plus facilement qu'avant. Il est certain que c'est une loi des Dieux qu'à celui qui garde et ne dépense pas une certaine partie de tous ses gains, l'or viendra plus facilement.

De même, celui dont la bourse est vide évite l'or.

« Qu'est-ce que tu désires le plus ? Est-ce l'assouvissement de tes désirs de chaque jour, un bijou, une parure, un meilleur vêtement, plus de nourriture ; des choses vite passées et oubliées ? Ou est-ce les biens substantiels, l'or, les terres, les troupeaux, les marchandises, les investissements générateurs de revenus ? Les pièces que tu retires de ta bourse apportent le premier. Les pièces de monnaie que tu y laisses apporteront le second.

« Ceci, mes étudiants, est le premier remède que j'aie découvert pour ma maigre bourse : 'Pour chaque dix pièces que je mets, n'en dépenser que neuf'. Débattez-en entre vous. Si quelqu'un prouve que c'est faux, dites-le-moi le lendemain quand nous nous reverrons. »

Le deuxième remède : Contrôlez vos dépenses.

« Certains de vos membres, mes élèves, m'ont demandé ceci : Comment un homme peut-il garder dans sa bourse le dixième de tout ce qu'il gagne, alors que toutes les pièces qu'il gagne ne suffisent pas à couvrir ses dépenses nécessaires ? » C'est ainsi qu'Arkad s'est adressé à ses étudiants le deuxième jour.

« Hier, combien d'entre vous portaient des sacs maigres ? »

« Nous tous », a répondu la classe.

« Pourtant, vous ne gagnez pas tous la même chose. Certains gagnent beaucoup plus que d'autres. Certains ont des familles beaucoup plus nombreuses à faire vivre. Néanmoins, toutes les bourses sont également maigres. Maintenant, je vais te dire une vérité inhabituelle sur les hommes et les fils d'hommes. C'est que ce que chacun d'entre nous appelle les ' dépenses nécessaires' augmenteront toujours pour égaler nos revenus, sauf si nous protestons du contraire.

« Ne confonds pas les dépenses nécessaires avec tes désirs. Chacun de vous, avec vos bonnes familles, a plus de désirs que vos gains ne peuvent en satisfaire. C'est pourquoi vos revenus sont dépensés pour satisfaire ces désirs dans la mesure où ils peuvent être satisfaits. Toutefois, tu conserves de nombreux désirs non satisfaits.

« Tous les hommes sont accablés de plus de désirs qu'ils ne peuvent en satisfaire. En raison de ma richesse, penses-tu que je puisse satisfaire tous les désirs ? C'est une fausse idée. Il y a des limites à mon temps. Il y a des limites à ma force. Il y a des limites à la distance que je peux parcourir. Il y a des limites à ce que je peux manger. Il y a des limites à l'ardeur avec laquelle je peux en profiter.

« Je vous dis que, de même que les mauvaises herbes poussent dans un champ partout où le cultivateur laisse de l'espace pour leurs racines, de même les désirs poussent librement chez les hommes chaque fois qu'il y a une possibilité de les satisfaire. Tes désirs sont une multitude et ceux que tu peux assouvir ne sont que peu nombreux.

« Étudiez attentivement vos habitudes de vie habituelles. C'est là que se trouvent le plus souvent certaines dépenses acceptées qui peuvent être sagement réduites ou éliminées. Que ta devise soit cent pour cent de la valeur appréciée demandée pour chaque pièce dépensée.

« Par conséquent, grave sur l'argile chaque chose pour laquelle tu désires dépenser. Choisis celles qui sont nécessaires et d'autres qui sont possibles grâce à la dépense des neuf dixièmes de ton revenu. Rayez le reste et considérez-les comme une partie de cette grande multitude de désirs qui doivent rester insatisfaits et ne les regrettez pas.

« Budgétise donc tes dépenses nécessaires. Ne touche pas au dixième qui engraisse ta bourse. Que ce soit ton grand désir qui se réalise. Continue à travailler avec ton budget, continue à l'ajuster pour t'aider. Fais-en ton premier assistant pour défendre ta bourse bien garnie. »

Sur ce, l'un des étudiants, portant une robe rouge et or, se leva et dit :

« Je suis un homme libre. Je crois qu'il est de mon droit de profiter des bonnes choses de la vie. C'est pourquoi je me révolte contre l'esclavage d'un budget qui détermine combien je peux dépenser et pour quoi. Je pense que cela enlèverait beaucoup de plaisir à ma vie et ferait de moi un peu plus qu'un paquetage pour porter un fardeau. »

À lui, Arkad a répondu : « Qui, mon ami, déterminerait ton budget ? »

« Je le ferais pour moi », a répondu celui qui protestait.

« Dans ce cas, si un empaqueteur devait budgétiser son fardeau, y inclurait-il des bijoux, des tapis et de lourds lingots d'or ? Pas du tout. Il inclurait du foin et du grain et un sac d'eau pour la piste du désert.

« Le but d'un budget est d'aider votre bourse à grossir. C'est de t'aider à avoir tes nécessités et, dans la mesure du possible, tes autres désirs. Il vous permet de réaliser vos désirs les plus chers en les protégeant de vos désirs occasionnels. Comme une lumière vive dans une grotte sombre, votre budget met en évidence les fuites de votre porte-monnaie et vous permet de les arrêter et de contrôler vos dépenses à des fins précises et gratifiantes.

« Voici donc le deuxième remède à une bourse maigre. Budgétise tes dépenses afin que tu puisses avoir des pièces pour payer tes nécessités, pour payer tes plaisirs et pour satisfaire tes désirs louables sans dépenser plus des neuf dixièmes de tes gains. »

Le troisième remède : faire en sorte que ton or se multiplie.

« Voici que ta maigre bourse s'engraisse. Tu t'es discipliné pour y laisser un dixième de tout ce que tu gagnes. Tu as contrôlé tes dépenses pour protéger ton trésor croissant. Ensuite, nous examinerons les moyens de mettre ton trésor à contribution et de l'accroître. L'or dans une bourse est gratifiant à posséder et satisfait une âme avare, mais il ne rapporte rien. L'or que nous pouvons retenir de nos gains n'est qu'un début. Les gains qu'il générera feront notre fortune. » Ainsi parla Arkad le troisième jour à sa classe.

« Comment donc faire fructifier notre or ? Mon premier investissement a été malheureux, car j'ai tout perdu. Je raconterai son histoire plus tard. Mon premier investissement rentable fut un prêt que j'ai fait à un homme nommé Aggar, un fabricant de boucliers. Une fois par an, il achetait de grandes cargaisons de bronze apportées de l'autre côté de la mer pour les utiliser dans son commerce. Ne disposant pas d'un capital suffisant pour payer les marchands, il empruntait à ceux qui avaient des pièces supplémentaires. C'était un homme honorable. Il remboursait ses emprunts, ainsi qu'un loyer libéral, lorsqu'il vendait ses boucliers.

« Chaque fois que je lui prêtais, je lui rendais également le loyer qu'il m'avait versé. Ainsi, non seulement mon capital a augmenté, mais ses revenus ont également augmenté. Il était très gratifiant de voir ces sommes revenir dans ma bourse. « Je vous le dis, mes étudiants, la richesse d'un homme n'est pas dans les pièces qu'il porte dans sa bourse ; c'est le revenu qu'il se constitue, le flot d'or qui coule continuellement dans sa bourse et la fait toujours gonfler. C'est ce que tout homme désire. C'est ce que toi, chacun de toi, tu désires ; un revenu qui continue à venir, que tu travailles ou que tu voyages.

« J'ai acquis de grands revenus. Si importants qu'on m'appelle un homme très riche. Mes prêts à Aggar ont été ma première formation à l'investissement rentable. Gagnant en sagesse grâce à cette expérience, j'ai étendu mes prêts et mes investissements à mesure que mon capital augmentait. De quelques sources au début, de nombreuses sources plus tard, a coulé dans ma bourse un flot d'or de richesse disponible pour les utilisations sages que je devais décider.

« Voici, à partir de mes humbles gains, j'avais engendré une horde d'esclaves en or, chacun travaillant et gagnant plus d'or. Comme ils travaillaient pour moi, leurs enfants travaillaient aussi, et les enfants de leurs enfants, jusqu'à ce que le revenu de leurs efforts combinés soit énorme.

« L'or augmente rapidement lorsqu'on réalise des gains raisonnables, comme vous le verrez dans ce qui suit :

Un fermier, à la naissance de son premier fils, apporta dix pièces d'argent à un prêteur et lui demanda de les garder en location pour son fils jusqu'à ce qu'il ait vingt ans. Le prêteur le fit et accepta que le loyer soit d'un quart de sa valeur tous les quatre ans. Le fermier demanda, parce qu'il avait mis de côté cette somme comme appartenant à son fils, que le loyer soit ajouté au capital. « Lorsque le garçon eut atteint l'âge de vingt ans, le fermier se rendit à nouveau chez le prêteur pour s'enquérir de l'argent. Le prêteur expliqua que, comme cette somme avait été augmentée par les intérêts composés, les dix pièces d'argent initiales étaient maintenant passées à trente pièces et demie.

« Le fermier était bien content et comme le fils n'avait pas besoin des pièces, il les laissa au prêteur d'argent. Lorsque le fils eut atteint l'âge de cinquante ans, le père étant entre-temps passé dans l'autre monde, le prêteur d'argent paya au fils en règlement cent soixante-sept pièces d'argent.

« Ainsi, en cinquante ans, l'investissement s'était multiplié à la location près de dix-sept fois.

« Voici donc le troisième remède à une bourse maigre : mettre chaque pièce de monnaie au travail pour qu'elle reproduise son espèce comme les troupeaux des champs et contribue à t'apporter un revenu, un flot de richesse qui coulera constamment dans ta bourse. »

Quatrième remède : protège tes trésors contre la perte.

« Le malheur aime une marque brillante. L'or dans la bourse d'un homme doit être gardé avec fermeté, sinon il sera perdu. Ainsi, il est sage que nous devions d'abord nous procurer de petites quantités et apprendre à les protéger avant que les Dieux ne nous confient de plus grandes quantités. » Ainsi parlait Arkad le quatrième jour à sa classe.

« Tout propriétaire d'or est tenté par des opportunités par lesquelles il semblerait pouvoir gagner de grosses sommes par son investissement dans les projets les plus plausibles. Souvent, des amis et des parents se lancent avec enthousiasme dans de tels investissements et l'incitent à les suivre.

« Le premier principe sain de l'investissement est la sécurité de votre capital. Est-il sage d'être intrigué par des gains plus importants alors que votre capital peut être perdu ? Je ne le pense pas. La sanction du risque est la perte probable. Étudiez soigneusement, avant de vous séparer de votre trésor, chaque assurance qu'il peut être récupéré en toute sécurité. Ne te laisse pas tromper par tes propres désirs romantiques de faire fortune rapidement.

« Avant de le prêter à un homme, assure-toi de sa capacité de remboursement et de sa réputation à cet égard, afin de ne pas lui faire involontairement cadeau de ton trésor durement gagné.

« Avant de le confier comme investissement dans un domaine quelconque, prenez connaissance des dangers qui peuvent l'assaillir.

« Mon propre premier investissement a été une tragédie pour moi à l'époque. Les économies gardées d'une année, je les ai confiées à un fabricant de briques, nommé Azmur, qui voyageait sur les mers lointaines et qui, à Tyr, a accepté d'acheter pour moi les rares bijoux des Phéniciens. Nous les vendrions à son retour et partagerions les bénéfices. Les Phéniciens étaient des scélérats et lui ont vendu des morceaux de verre. Mon trésor était perdu. Aujourd'hui, ma formation me montrerait d'emblée la folie de confier à un maçon l'achat de bijoux.

« C'est pourquoi je te conseille la sagesse de mes expériences : ne sois pas trop confiant en ta propre sagesse en confiant tes trésors aux pièges possibles des investissements. Il vaut mieux, et de loin, consulter la sagesse de ceux qui ont l'expérience du maniement de l'argent dans un but lucratif. De tels conseils sont donnés gratuitement et peuvent facilement avoir une valeur égale en or à la somme que tu envisages d'investir. En vérité, telle est sa valeur réelle s'il vous sauve de la perte.

« Voici donc le quatrième remède à une bourse maigre, et d'une grande importance, s'il empêche que ta bourse soit vidée une fois qu'elle est bien remplie. Protège ton trésor de la perte en investissant uniquement là où ton capital est en sécurité, où il peut être récupéré si nécessaire, et où tu ne manqueras pas de percevoir un loyer équitable. Consultez des hommes sages. Obtenez les conseils de ceux qui sont expérimentés dans la manipulation rentable de l'or. Laisse leur sagesse protéger ton trésor contre les investissements peu sûrs. »

Le cinquième remède : faire de ton logement un investissement rentable.

« Si un homme met de côté neuf parties de ses gains pour vivre et profiter de la vie, et si une partie de ces neuf parties peut être transformée en un investissement rentable sans nuire à son bien-être, alors ses trésors croîtront d'autant plus vite. » Ainsi parlait Arkad à sa classe lors de leur cinquième leçon.

« Beaucoup trop de nos hommes de Babylone élèvent leurs familles dans des quartiers inconvenants. Ils paient à des propriétaires exigeants des loyers généreux pour des chambres où leurs épouses n'ont pas un endroit pour faire pousser les fleurs qui réjouissent le cœur d'une femme et où leurs enfants n'ont pas d'endroit pour jouer à leurs jeux, si ce n'est dans les ruelles impures.

« La famille d'un homme ne peut profiter pleinement de la vie si elle ne dispose pas d'un terrain où les enfants peuvent jouer dans la terre propre et où la femme peut cultiver non seulement des fleurs, mais aussi de bonnes herbes riches pour nourrir sa famille.

« Le cœur d'un homme se réjouit de manger les figues de ses propres arbres et les raisins de ses propres vignes. Posséder son propre domicile et en faire un lieu dont il est fier de prendre soin, met de la confiance dans son cœur et un plus grand effort derrière toutes ses entreprises. C'est pourquoi je recommande à chaque homme de posséder le toit qui l'abrite, lui et les siens.

« Il n'est pas non plus hors de portée de tout homme bien intentionné de posséder sa maison. Notre grand roi n'a-t-il pas si largement étendu les murs de Babylone qu'à l'intérieur de ceux-ci, de nombreuses terres sont maintenant inutilisées et peuvent être achetées à des prix très raisonnables ?

« Je vous dis aussi, mes élèves, que les prêteurs d'argent tiennent volontiers compte des désirs des hommes qui cherchent des maisons et des terres pour leurs familles. Vous pouvez facilement emprunter pour payer le fabricant de briques et le constructeur à des fins si louables, si vous pouvez montrer une partie raisonnable de la somme nécessaire que vous avez vous-même fourni à cette fin.

« Puis, lorsque la maison sera construite, tu pourras payer le prêteur d'argent avec la même régularité que tu payais le propriétaire. Comme chaque paiement réduira ta dette envers le prêteur d'argent, quelques années suffiront à satisfaire son prêt.

« Alors ton cœur se réjouira, car tu posséderas en propre un bien de valeur, et ton seul coût sera les impôts du roi.

« Ta bonne épouse ira-t-elle aussi plus souvent à la rivière pour laver tes robes, afin que, chaque fois qu'elle reviendra, elle apporte une peau de chèvre d'eau pour la verser sur les choses qui poussent.

« Ainsi, de nombreuses bénédictions viennent à l'homme qui possède sa propre maison. Et cela réduira considérablement son coût de la vie, rendant disponible une plus grande partie de ses gains pour les plaisirs et la satisfaction de ses désirs. Voici donc le cinquième remède à une bourse maigre : Possède ta propre maison »

Le sixième remède : assurez-vous un revenu futur.

« La vie de chaque homme se déroule de son enfance à sa vieillesse. Tel est le chemin de la vie et aucun homme ne peut s'en écarter, à moins que les Dieux ne l'appellent prématurément dans le monde de l'au-delà. C'est pourquoi je dis qu'il incombe à un homme de se préparer à un revenu convenable dans les jours à venir, lorsqu'il ne sera plus jeune, et de faire des préparatifs pour sa famille s'il n'est plus avec eux, pour les réconforter et les soutenir. Cette leçon t'apprendra à fournir une bourse pleine lorsque le temps t'aura rendu moins apte à apprendre. » Ainsi Arkad s'adressa à sa classe le sixième jour.

« L'homme qui, grâce à sa compréhension des lois de la richesse, acquiert un surplus croissant, devrait penser à ces jours futurs. Il devrait planifier certains investissements ou provisions qui peuvent durer en toute sécurité pendant de nombreuses années, mais qui seront disponibles quand arrivera le moment qu'il a si sagement anticipé. « Il y a plusieurs façons pour un homme d'assurer la sécurité de son avenir. Il peut fournir une cachette et y enfouir un trésor secret. Pourtant, quelle que soit l'habileté avec laquelle il est caché, il peut néanmoins devenir le butin des voleurs. C'est pourquoi je ne recommande pas ce plan.

« Un homme peut acheter des maisons ou des terrains dans ce but. S'ils sont judicieusement choisis en fonction de leur utilité et de leur valeur dans l'avenir, ils ont une valeur permanente et leurs revenus ou leur vente lui permettront de réaliser son objectif.

« Un homme peut prêter une petite somme au prêteur d'argent et l'augmenter à des périodes régulières. Le loyer que le prêteur d'argent ajoute à cette somme contribuera largement à son augmentation. Je connais un fabricant de sandales, nommé Ansan, qui m'a expliqué il n'y a pas longtemps que chaque semaine, pendant huit ans, il avait déposé auprès de son prêteur deux pièces d'argent. Le prêteur lui avait tout récemment rendu un compte dont il s'était grandement réjoui. Le total de ses petits dépôts, avec leur location au taux habituel d'un quart de leur valeur tous les quatre ans, s'élevait maintenant à mille quarante pièces d'argent.

« Je l'ai volontiers encouragé davantage en lui démontrant, grâce à ma connaissance des chiffres, que dans douze ans encore, s'il maintenait ses dépôts réguliers de deux pièces d'argent chaque semaine, le prêteur lui devrait alors quatre mille pièces d'argent, une compétence digne de ce nom pour le reste de sa vie.

« Assurément, quand un si petit paiement effectué avec régularité produit des résultats aussi profitables, aucun homme ne peut se permettre de ne pas assurer un trésor pour sa vieillesse et la protection de sa famille, quelle que soit la prospérité de ses affaires et de ses investissements.

« Je voudrais pouvoir en dire plus à ce sujet. J'ai la conviction qu'un jour, des hommes sages et réfléchis mettront au point un plan d'assurance contre la mort grâce auquel de nombreux hommes verseront régulièrement une somme dérisoire, l'ensemble constituant une belle somme pour la famille de chaque membre qui passe dans l'au-delà. Je considère cela comme une chose souhaitable et que je pourrais recommander vivement. Mais aujourd'hui, ce n'est pas possible parce qu'il doit dépasser la durée de vie d'un homme ou d'un partenariat pour fonctionner. Elle doit être aussi stable que le trône du roi. Un jour, j'ai le sentiment qu'un tel plan se réalisera et sera une grande bénédiction pour beaucoup d'hommes, car même le premier petit paiement permettra de mettre à disposition une belle fortune pour la famille d'un membre s'il venait à décéder.

« Mais parce que nous vivons à notre époque et non dans les jours qui viennent, nous devons tirer parti de ces moyens et de ces manières d'accomplir nos objectifs. C'est pourquoi je recommande à tous les hommes, par des méthodes sages et réfléchies, de se prémunir contre une bourse maigre dans leurs années de maturité. En effet, pour un homme qui n'est plus en mesure de gagner de l'argent ou pour une famille qui n'a plus sa tête, une bourse maigre est une véritable tragédie.

« Voici donc le sixième remède à une bourse maigre. Prévois à l'avance les besoins de ton âge croissant et la protection de ta famille. »

Le septième remède : augmente ta capacité à gagner.

« Aujourd'hui, je vous parle, mes élèves, d'un des remèdes les plus vitaux pour une bourse maigre.

Pourtant, je ne parlerai pas d'or, mais de vous-mêmes, des hommes qui sont assis devant moi sous des robes de toutes les couleurs. Je vous parlerai de ces choses dans l'esprit et la vie des hommes qui travaillent pour ou contre leur succès. »
C'est ainsi qu'Arkad s'est adressé à sa classe le septième jour.

« Il n'y a pas longtemps, est venu me voir un jeune homme cherchant à emprunter. Lorsque je l'ai interrogé sur la cause de sa nécessité, il s'est plaint que ses gains étaient insuffisants pour payer ses dépenses. Je lui ai alors expliqué que, dans ce cas, il était un mauvais client pour le prêteur, car il ne possédait pas de capacité de gain excédentaire pour rembourser le prêt.

« Ce dont tu as besoin, jeune homme, lui ai-je dit, c'est de gagner plus de pièces. Que fais-tu pour augmenter ta capacité à gagner ?

« Tout ce que je peux faire » répondit-il. 'Six fois en l'espace de deux lunes, j'ai approché mon maître pour demander une augmentation de mon salaire, mais sans succès. Aucun homme ne peut aller plus souvent que cela. »

« Nous pouvons sourire de sa simplicité, pourtant il possédait l'une des conditions essentielles pour augmenter ses gains. Il y avait en lui un fort désir de gagner plus, un désir approprié et louable.

« L'accomplissement doit être précédé du désir. Tes désirs doivent être forts et précis. Les désirs généraux ne sont que de faibles aspirations. Pour un homme, souhaiter être riche ne sert pas à grand-chose. Pour un homme, désirer cinq pièces d'or est un désir tangible qu'il peut pousser à l'accomplissement. Après avoir soutenu son désir de cinq pièces d'or par la force de son intention de les obtenir, il peut ensuite trouver des moyens similaires pour obtenir dix pièces, puis vingt pièces et plus tard mille pièces et, voilà, il est devenu riche. En apprenant à réaliser son petit désir précis, il s'est entraîné à en réaliser un plus grand. C'est le processus par lequel la richesse s'accumule : d'abord en petites sommes, puis en plus grandes à mesure qu'un homme apprend et devient plus capable.

« Les désirs doivent être simples et précis. Ils vont à l'encontre de leur propre objectif s'ils sont trop nombreux, trop confus, ou s'ils dépassent la formation d'un homme pour les accomplir. »

Plus un homme se perfectionne dans sa vocation, plus sa capacité de gain augmente. À l'époque où j'étais un humble scribe gravant sur l'argile pour quelques cuivres par jour, j'ai observé que d'autres ouvriers faisaient plus que moi et étaient mieux payés. Par conséquent, j'ai déterminé que je ne serais dépassé par personne. Il ne me fallut pas non plus longtemps pour découvrir la raison de leur plus grande réussite. Plus d'intérêt pour mon travail, plus de concentration sur ma tâche, plus de persistance dans mon effort, et voilà que peu d'hommes pouvaient tailler plus de tablettes que moi en une journée. Avec une promptitude raisonnable, mon habileté accrue a été récompensée, et il ne m'a pas été nécessaire d'aller six fois voir mon maître pour demander une reconnaissance. « Plus nous connaissons de sagesse, plus nous pouvons gagner. L'homme qui cherche à en savoir plus sur son métier sera richement récompensé. S'il est artisan, il peut chercher à apprendre les méthodes et les outils de ceux qui sont les plus habiles dans le même domaine.

S'il travaille dans le domaine du droit ou de la guérison, il peut consulter et échanger des connaissances avec d'autres personnes de sa profession. S'il est commerçant, il peut rechercher continuellement de meilleures marchandises qui peuvent être achetées à des prix plus bas.

« Les affaires de l'homme changent et s'améliorent toujours parce que les hommes à l'esprit vif recherchent une plus grande compétence afin de mieux servir ceux dont ils dépendent. Par conséquent, j'exhorte tous les hommes à être au premier rang du progrès et à ne pas rester immobiles, de peur d'être laissés derrière. « De nombreuses choses viennent enrichir la vie d'un homme d'expériences enrichissantes. Des choses comme celles qui suivent, un homme doit les faire s'il se respecte :

« Il doit payer ses dettes avec toute la promptitude dont il dispose, en n'achetant pas ce qu'il n'est pas en mesure de payer.

« Il doit prendre soin de sa famille afin qu'elle puisse penser et parler en bien de lui. « Il doit rédiger un testament pour que, au cas où les Dieux l'appelleraient, une division appropriée et honorable de ses biens soit accomplie.

« Il doit avoir de la compassion pour ceux qui sont blessés et frappés par le malheur et les aider dans des limites raisonnables. Il doit accomplir des actes de prévenance envers ceux qui lui sont chers.

« Ainsi, le septième et dernier remède à une bourse maigre est de cultiver tes propres pouvoirs, d'étudier et de devenir plus sage, de devenir plus habile, d'agir de manière à te respecter toi-même. Ainsi, tu acquerras la confiance en toi-même pour réaliser tes désirs mûrement réfléchis.

« Voici donc les sept remèdes pour une bourse maigre, que, par l'expérience d'une vie longue et réussie, je recommande vivement à tous les hommes qui désirent la richesse. « Il y a plus d'or à Babylone, mes étudiants, que tu n'en rêves. Il y a de l'abondance pour tous.

« Va et pratique ces vérités afin de prospérer et de t'enrichir, comme c'est ton droit.

« Va de l'avant et enseigne ces vérités afin que tout honorable sujet de sa majesté puisse aussi partager généreusement l'ample richesse de notre ville bien-aimée. »

Rencontrez la déesse de la bonne chance

« Si un homme a de la chance, rien ne permet de prédire l'étendue possible de sa bonne fortune. Lancez-le dans l'Euphrate et, comme par hasard, il en sortira avec une perle dans la main. »

— *Proverbe babylonien.*

Le désir d'être chanceux est universel. Il était tout aussi fort dans la poitrine des hommes il y a quatre mille ans dans l'ancienne Babylone qu'il l'est dans le cœur des hommes d'aujourd'hui. Nous espérons tous être favorisés par la capricieuse déesse de la chance. Existe-t-il un moyen de la rencontrer et d'attirer, non seulement son attention favorable, mais aussi ses faveurs généreuses ? Existe-t-il un moyen d'attirer la chance ? C'est exactement ce que les hommes de l'ancienne Babylone souhaitaient savoir. C'est précisément ce qu'ils ont décidé de découvrir. C'étaient des hommes astucieux et de fins penseurs. Cela explique pourquoi leur cité est devenue la ville la plus riche et la plus puissante de leur époque.

Dans ce lointain passé, ils n'avaient ni écoles ni collèges. Ils avaient néanmoins un centre d'apprentissage et un centre très pratique. Parmi les tours de Babylone, il y en avait une qui était aussi importante que le Palais du Roi, les Jardins suspendus et les temples des Dieux. Vous n'en trouverez qu'une faible mention dans les livres d'histoire, plus probablement aucune mention du tout, et pourtant il a exercé une influence puissante sur la pensée de cette époque.

Ce bâtiment était le temple du savoir où la sagesse du passé était exposée par des enseignants bénévoles et où les sujets d'intérêt populaire étaient discutés dans des forums ouverts. Entre ses murs, tous les hommes se rencontraient sur un pied d'égalité. Le plus humble des esclaves pouvait contester impunément les opinions d'un prince de la maison royale.

Parmi ceux qui fréquentaient le Temple de l'Apprentissage, il y avait un homme riche et sage nommé Arkad, appelé l'homme le plus riche de Babylone. Il avait sa propre salle spéciale où, presque chaque soir, un grand groupe d'hommes, certains vieux, d'autres très jeunes, mais surtout d'âge moyen, se réunissaient pour discuter et débattre de sujets intéressants. Supposons que nous tendions l'oreille pour voir s'ils savaient comment attirer la chance.

Le soleil venait de se coucher, telle une grande boule de feu rouge brillant à travers la brume de poussière du désert, lorsqu'Arkad se dirigea vers sa plate-forme habituelle. Déjà une bonne quarantaine d'hommes attendaient son arrivée, allongés sur leurs petits tapis étendus sur le sol. D'autres arrivaient encore.

« De quoi allons-nous discuter cette nuit ? », a demandé Arkad.

Après une brève hésitation, un grand tisserand s'est adressé à lui, se levant comme le veut la coutume. « J'ai un sujet dont j'aimerais entendre parler, mais que j'hésite à proposer, de peur qu'il ne vous semble ridicule, à vous, Arkad, et à mes bons amis ici. »

Après avoir été incité à l'offrir, à la fois par Arkad et par les appels des autres, il a continué : « Ce jour, j'ai eu de la chance, car j'ai trouvé une bourse dans laquelle se trouvent des pièces d'or. Continuer à avoir de la chance est mon grand désir. Sentant que tous les hommes partagent avec moi ce désir, je propose que nous débattions de la manière d'attirer la chance afin de découvrir les moyens de la séduire. »

« Un sujet des plus intéressants a été proposé, commenta Arkad, « un sujet des plus dignes de notre discussion. Pour certains hommes, la chance n'est qu'un événement fortuit qui, comme un accident, peut arriver à quelqu'un sans but ni raison. D'autres croient que l'instigateur de toute bonne fortune est notre déesse la plus généreuse, Ashtar, toujours soucieuse de récompenser par des cadeaux généreux ceux qui lui plaisent. Parlez, mes amis, que dites-vous, allons-nous chercher s'il existe des moyens par lesquels la chance peut être incitée à visiter chacun d'entre nous ? »

« Oui ! Oui ! Et beaucoup de choses !», répondit le groupe croissant d'auditeurs enthousiastes. Sur ce, Arkad poursuivit : « Pour commencer notre discussion, écoutons d'abord ceux parmi nous qui ont vécu des expériences similaires à celle du tisserand en trouvant ou en recevant, sans effort de leur part, des trésors ou des bijoux de valeur. »

Il y a eu une pause pendant laquelle tous ont regardé autour d'eux en s'attendant à ce que quelqu'un réponde, mais personne ne l'a fait.

« Quoi, personne ? » dit Arkad, « alors rare en effet doit être ce genre de chance. Qui maintenant offrira une suggestion quant à l'endroit où nous devrions poursuivre notre recherche ? » C'est ce que je vais faire, » dit un jeune homme bien vêtu, qui se lève. « Lorsqu'un homme parle de chance, n'est-il pas naturel que ses pensées se tournent vers les tables de gain ? N'est-ce pas là que l'on trouve de nombreux hommes courtisant les faveurs de la déesse dans l'espoir qu'elle les bénisse avec de riches gains ? »

Alors qu'il reprenait son siège, une voix l'appela : « Ne t'arrête pas ! Continue ton histoire ! Dis-nous, as-tu trouvé la faveur de la déesse aux tables de jeu ? A-t-elle tourné les cubes avec la face rouge vers le haut pour que tu remplisses ta bourse aux frais du croupier ou a-t-elle permis aux faces bleues de se relever pour que le croupier rafle tes pièces d'argent durement gagnées ? ».

Le jeune homme s'est joint aux rires bon enfant, puis a répondu : « Je ne suis pas opposé à admettre qu'elle semblait ne pas savoir que j'étais là. Mais qu'en est-il de vous autres ? L'avez-vous trouvée en train d'attendre de tels endroits pour faire rouler les cubes, en votre faveur ? Nous sommes impatients d'entendre et d'apprendre. »

« Un sage départ », a interrompu Arkad. « Nous sommes réunis ici pour examiner tous les aspects de chaque question. Ignorer la table de jeu serait négliger un instinct commun à la plupart des hommes, l'amour de tenter sa chance avec une petite quantité d'argent dans l'espoir de gagner beaucoup d'or. »

« Cela me rappelle les courses d'hier », a appelé un autre auditeur. « Si la déesse fréquente les tables de jeu, elle ne néglige certainement pas les courses où les chars dorés et les chevaux écumants offrent bien plus d'excitation. Dis-nous honnêtement, Arkad, t'a-t-elle chuchoté de placer ton pari sur ces chevaux gris de Ninive hier ? Je me tenais juste derrière toi et j'ai eu du mal à en croire mes oreilles lorsque je t'ai entendu parier sur les gris. Tu sais aussi bien que n'importe lequel d'entre nous qu'aucune équipe de toute l'Assyrie ne peut battre nos chères baies dans une course équitable.

« La déesse t'a-t-elle soufflé à l'oreille de parier sur les gris parce qu'au dernier virage, l'intérieur noir trébucherait et interférerait tellement avec nos baies que les gris gagneraient la course et remporteraient une victoire non méritée ? »

Arkad a souri avec indulgence au badinage. « Quelle raison avons-nous de penser que la bonne déesse s'intéresserait autant au pari d'un homme sur une course de chevaux ? Pour moi, elle est une déesse d'amour et de dignité dont le plaisir est d'aider ceux qui sont dans le besoin et de récompenser ceux qui le méritent. Je cherche à la trouver, non pas aux tables de jeu ou aux courses où les hommes perdent plus d'or qu'ils n'en gagnent, mais dans d'autres lieux où les actions des hommes sont plus valables et plus dignes de récompense.

« Dans le labourage du sol, dans le commerce honnête, dans toutes les occupations de l'homme, il y a la possibilité de faire un profit sur ses efforts et ses transactions. Peut-être ne sera-t-il pas toujours récompensé, car parfois son jugement peut être erroné et d'autres fois les vents et le temps peuvent anéantir ses efforts. Pourtant, s'il persiste, il peut généralement s'attendre à réaliser son profit. Il en est ainsi parce que les chances de profit sont toujours en sa faveur.

« Mais, quand un homme joue aux jeux, la situation est inversée, car les chances de profit sont toujours contre lui et toujours en faveur du gardien du jeu. Le jeu est arrangé de telle sorte qu'il favorisera toujours le gardien. Il s'agit de son affaire à laquelle il prévoit de faire un profit libéral pour lui-même à partir des pièces pariées par les joueurs. Peu de joueurs réalisent à quel point les profits du gardien du jeu sont certains et à quel point leurs propres chances de gagner sont incertaines.

« Par exemple, considérons les paris placés sur le cube. Chaque fois qu'il est lancé, nous parions sur le côté qui sera le plus haut. Si c'est le côté rouge, le maître du jeu nous verse quatre fois notre mise. Mais si l'un des cinq côtés est le plus haut, nous perdons notre pari. Les chiffres montrent donc que pour chaque lancer, nous avons cinq chances de perdre, mais comme le rouge paie quatre fois notre mise, nous avons quatre chances de gagner. En une nuit de jeu, le maître du jeu peut s'attendre à garder pour son profit un cinquième de toutes les pièces pariées. Un homme peut-il s'attendre à gagner plus qu'occasionnellement contre des cotes tellement arrangées qu'il devrait perdre un cinquième de toutes ses mises ? »

« Pourtant, certains hommes gagnent parfois de grosses sommes », a déclaré l'un des auditeurs. « Tout à fait, ils le font », poursuit Arkad. « Réalisant cela, la question me vient de savoir si l'argent obtenu de cette manière apporte une valeur permanente à ceux qui sont ainsi chanceux. Parmi mes connaissances, il y a beaucoup d'hommes qui ont réussi à Babylone, pourtant parmi eux, je suis incapable d'en nommer un seul qui a commencé son succès à partir d'une telle source.

« Vous qui êtes réunis ici ce soir, connaissez beaucoup plus de nos citoyens importants. Pour moi, il serait très intéressant d'apprendre combien de nos citoyens qui ont réussi peuvent attribuer aux tables de jeu le début de leur succès. Supposons que chacun d'entre vous parle de ceux qu'il connaît. Qu'en dites-vous ? »

Après un silence prolongé, une personne s'est risquée à dire : « Ton enquête inclurait-elle les gardes-chasse ? » « Si tu ne penses à personne d'autre, » répondit Arkad.

« Si aucun d'entre vous ne peut penser à quelqu'un d'autre, alors qu'en est-il de vous ? Y a-t-il parmi nous des gagnants réguliers qui hésitent à conseiller une telle source pour leurs revenus ? »

Son défi a été relevé par une série de gémissements provenant de l'arrière, repris et propagés au milieu de nombreux rires.

« Il semblerait que nous ne recherchions pas la chance dans les lieux que la déesse fréquente », poursuit-il. « Par conséquent, explorons d'autres domaines. Nous ne l'avons pas trouvée en ramassant des portefeuilles perdus. Nous ne l'avons pas non plus trouvé en train de hanter les tables de jeu. Quant aux courses, je dois avouer y avoir perdu beaucoup plus de pièces que je n'en ai jamais gagné.

« Maintenant, supposons que nous considérions nos métiers et nos entreprises. N'est-il pas naturel, si nous concluons une transaction profitable, de considérer que ce n'est pas de la chance, mais une juste récompense de nos efforts ? Je suis enclin à penser que nous négligeons peut-être les dons de la déesse. Peut-être, nous aide-t-elle vraiment lorsque nous n'apprécions pas sa générosité. Qui peut suggérer une discussion plus approfondie ? »

Sur ce, un vieux marchand se leva, lissant sa belle robe blanche. « Avec votre permission, très honorable Arkad et mes amis, je vous propose une suggestion. Si, comme vous l'avez dit, nous attribuons le mérite de notre réussite commerciale à notre propre industrie et à nos capacités, pourquoi ne pas considérer les succès dont nous avons presque bénéficié, mais qui nous ont échappé, des événements qui auraient été des plus profitables. Ils auraient été de rares exemples de chance s'ils s'étaient réellement produits. Parce qu'ils ne se sont pas réalisés, nous ne pouvons pas les considérer comme nos justes récompenses. Il est certain que de nombreux hommes ici présents ont de telles expériences à raconter. »

« Voici une approche sage », a approuvé Arkad. « Qui parmi vous a eu la chance à portée de main pour la voir s'échapper ? »

De nombreuses mains se sont levées, parmi lesquelles celle du marchand. Arkad lui a fait signe de prendre la parole.

« Comme c'est vous qui avez suggéré cette approche, nous aimerions d'abord vous entendre. »

« Je raconterai volontiers une histoire », reprit-il, « qui illustre à quel point la chance peut s'approcher d'un homme et à quel point il peut la laisser s'échapper aveuglément, à sa perte et à son regret ultérieur.

« Il y a de nombreuses années, alors que j'étais un jeune homme, tout juste marié et bien parti pour gagner ma vie, mon père est venu un jour et m'a vivement conseillé de faire un investissement. Le fils d'un de ses bons amis avait remarqué une étendue de terre stérile non loin des murs extérieurs de notre ville. Elle se trouvait au-dessus du canal, là où aucune eau ne pouvait l'atteindre.

« Le fils de l'ami de mon père a conçu un plan pour acheter ce terrain, construire trois grandes roues à eau qui pourraient être actionnées par des bœufs et ainsi faire monter les eaux vivifiantes vers le sol fertile. Ceci accompli, il prévoyait de diviser le terrain en petites parcelles et de les vendre aux habitants de la ville pour qu'ils y cultivent des herbes. « Le fils de l'ami de mon père ne possédait pas suffisamment d'or pour mener à bien une telle entreprise. Comme moi, c'était un jeune homme qui gagnait une somme correcte. Son père, comme le mien, était un homme de grande famille et de petits moyens. Il décida donc d'intéresser un groupe d'hommes à se lancer dans l'entreprise avec lui. Le groupe devait être composé de douze personnes, chacune devant gagner de l'argent et accepter de verser un dixième de ses gains dans l'entreprise jusqu'à ce que la terre soit prête à être vendue. Tous partageraient alors équitablement les bénéfices en proportion de leur investissement. »

Toi, mon fils, m'a dit mon père, tu es maintenant un jeune homme. Je souhaite vivement que tu commences à te constituer un patrimoine de valeur, afin que tu deviennes respecté parmi les hommes. Je désire te voir profiter de la connaissance des erreurs irréfléchies de ton père. »

C'est ce que je désire le plus ardemment, mon père », ai-je répondu.

« Alors, voici ce que je te conseille. Fais ce que j'aurais dû faire à ton âge. De tes gains, garde un dixième pour le placer dans des investissements favorables. Avec ce dixième de tes gains et ce qu'il rapportera aussi, tu pourras, avant d'avoir mon âge, t'accumuler un patrimoine de valeur.

« Tes paroles sont des paroles de sagesse, mon père. Je désire ardemment la richesse. Pourtant, il y a de nombreux usages auxquels mes gains sont appelés. C'est pourquoi j'hésite à faire ce que tu me conseilles. Je suis jeune.

Il y a beaucoup de temps.

« J'ai donc pensé à ton âge, mais voici que de nombreuses années se sont écoulées et je n'ai pas encore fait le commencement.

« Nous vivons à une époque différente, mon père. Je vais éviter tes erreurs.

« L'opportunité se tient devant toi, mon fils. Elle offre une chance qui peut mener à la richesse. Je t'en supplie, ne tarde pas. Va demain chez le fils de mon ami et négocie avec lui le versement de dix pour cent de tes gains dans cet investissement. Vas-y sans tarder le lendemain. L'opportunité n'attend personne. Aujourd'hui, elle est là ; bientôt, elle sera partie. Par conséquent, ne tarde pas !

« Malgré les conseils de mon père, j'ai hésité. Il y avait de magnifiques robes neuves qui venaient d'être apportées par les commerçants de l'Est, des robes d'une telle richesse et d'une telle beauté que ma bonne épouse et moi avons senti que nous devions en posséder une chacun. Si j'acceptais de verser un dixième de mes gains dans l'entreprise, nous devrions nous priver de ces robes et d'autres plaisirs que nous désirions tant. J'ai tardé à prendre une décision jusqu'à ce qu'il soit trop tard, à mon grand regret par la suite. L'entreprise s'est avérée plus rentable que ce que tout homme avait prophétisé. Voici mon récit, qui montre comment j'ai permis à la chance de m'échapper. »

« Dans ce conte, nous voyons comment la chance attend de venir à l'homme qui accepte l'opportunité », commente un homme basané du désert. « Pour la construction d'un domaine, il faut toujours un début. Ce début peut être quelques pièces d'or ou d'argent qu'un homme détourne de ses gains pour son premier investissement. Moi-même, je suis propriétaire de nombreux troupeaux. Le début de mes troupeaux a commencé lorsque j'étais un simple garçon et que j'ai acheté un jeune veau avec une pièce d'argent. Ceci, étant le début de ma richesse, était d'une grande importance pour moi.

« Faire ses premiers pas dans la construction d'un patrimoine est la meilleure chance qui puisse arriver à un homme. Pour tous les hommes, ce premier pas, qui les fait passer d'hommes qui gagnent par leur propre travail à des hommes qui tirent des dividendes des gains de leur or, est important. Certains, heureusement, la font quand ils sont jeunes et dépassent ainsi en réussite financière ceux qui la font plus tard ou les hommes malheureux, comme le père de ce marchand, qui ne la font jamais.

« Si notre ami, le marchand, avait fait ce pas au début de sa vie d'homme, lorsque cette opportunité s'est présentée à lui, il serait aujourd'hui béni avec beaucoup plus de biens de ce monde. Si la chance de notre ami, le tisserand, l'amène à faire un tel pas en ce moment, ce ne sera en effet que le début d'une chance bien plus grande. »

« Merci ! J'aime parler, moi aussi. » Un étranger d'un autre pays se lève. « Je suis un Syrien. Je ne parle pas très bien votre langue. Je voudrais appeler cet ami, le marchand, par un nom. Peut-être, pensez-vous que ce n'est pas poli, ce nom. Pourtant, je souhaite l'appeler ainsi. Mais, hélas, je ne connais pas votre mot pour le dire. Si je l'appelle en syrien, vous ne comprendrez pas. Alors, s'il vous plaît, messieurs, dites-moi quel nom correct, vous donnez à l'homme qui remet à plus tard les choses qui pourraient être bonnes pour lui. »

« Procrastinateur », a appelé une voix.

« C'est lui », a crié le Syrien, en agitant ses mains avec enthousiasme, «il n'accepte pas l'opportunité quand elle se présente. Il attend. Il dit que j'ai beaucoup d'affaires en ce moment. Au revoir et au revoir je vous parle. L'opportunité, elle, n'attendra pas un homme aussi lent. Elle pense que si un homme veut avoir de la chance, il doit être rapide. Tout homme qui ne fait pas vite quand l'occasion se présente est un grand procrastinateur, comme notre ami, ce marchand. »

Le marchand se lève et s'incline de bonne grâce en réponse aux rires.

« Mon admiration à toi, étranger à nos portes, qui n'hésite pas à dire la vérité. »

« Et maintenant, écoutons un autre récit d'opportunité. Qui a pour nous une autre expérience ? » demanda Arkad.

« Je l'ai fait », a répondu un homme en robe rouge d'âge moyen. « Je suis un acheteur d'animaux, principalement de chameaux et de chevaux. Parfois, j'achète aussi les moutons et les chèvres. L'histoire que je vais raconter dira en toute vérité comment l'occasion s'est présentée une nuit où je m'y attendais le moins. C'est peut-être pour cette raison que je l'ai laissée s'échapper. C'est à vous d'en juger.

« En rentrant dans la ville un soir après un voyage décourageant de dix jours à la recherche de chameaux, je fus très contrarié de trouver les portes de la ville fermées et verrouillées. Alors que mes esclaves déployaient notre tente pour la nuit, que nous comptions passer avec peu de nourriture et sans eau, je fus abordé par un vieux fermier qui, comme nous, se trouvait enfermé à l'extérieur.

« Honorable monsieur, » m'a-t-il adressé, « d'après votre apparence, je vous juge comme étant un acheteur. Si c'est le cas, j'aimerais beaucoup te vendre le plus excellent troupeau de moutons qui vient d'arriver. Hélas, ma bonne épouse est très malade de la fièvre. Je dois revenir en toute hâte. Achète-toi mes moutons afin que moi et mes esclaves puissions monter nos chameaux et repartir sans tarder. »

« Il faisait si sombre que je ne pouvais pas voir son troupeau, mais d'après les bêlements, je savais qu'il devait être grand.

Ayant perdu dix jours à chercher des chameaux que je ne trouvais pas, j'étais heureux de marchander avec lui. Dans son anxiété, il a fixé un prix des plus raisonnables. J'ai accepté, sachant bien que mes esclaves pourraient conduire le troupeau jusqu'aux portes de la ville le matin et le vendre avec un bénéfice substantiel.

Le marché conclu, j'appelai mes esclaves pour qu'ils apportent des torches afin que nous puissions compter le troupeau qui, selon le fermier, en contenait neuf cents. Je ne vous ennuierai pas, mes amis, en vous décrivant les difficultés que nous avons rencontrées en essayant de compter tant de moutons assoiffés, agités et agités. Cela s'est avéré être une tâche impossible. Par conséquent, j'ai carrément informé le fermier que je les compterais à la lumière du jour et que je le paierais alors.

S'il vous plaît, très honorable monsieur », a-t-il plaidé, « payez-moi seulement les deux tiers du prix ce soir afin que je puisse partir. Je laisserai mon esclave le plus intelligent et le plus instruit pour t'aider à faire le compte demain matin. Il est digne de confiance et c'est à lui que tu peux payer le solde.

« Mais j'étais têtu et j'ai refusé d'effectuer le paiement cette nuit-là. Le lendemain matin, avant que je ne me réveille, les portes de la ville se sont ouvertes et quatre acheteurs se sont précipités à la recherche de troupeaux. Ils étaient très désireux et très prêts à payer des prix élevés, car la ville était menacée de siège et la nourriture n'était pas abondante. Le vieux fermier reçut près de trois fois le prix auquel il m'avait offert le troupeau. C'est ainsi qu'une chance rare a pu s'échapper ».

« Voici un conte des plus inhabituels, » commente Arkad. « Quelle sagesse suggère-t-elle ? »

« La sagesse d'effectuer un paiement immédiatement lorsque nous sommes convaincus que notre marché est sage », a suggéré un vénérable fabricant de selles. « Si le marché est bon, tu as besoin d'être protégé contre tes propres faiblesses autant que contre tout autre homme. Nous, les mortels, sommes changeants. Hélas, je dois dire que nous sommes plus aptes à changer d'avis dans le bien que dans le mal. Dans l'erreur, nous sommes en effet têtus. Dans le bon sens, nous sommes enclins à hésiter et à laisser passer l'occasion. Mon premier jugement est le meilleur. Pourtant, j'ai toujours eu du mal à me contraindre à donner suite à une bonne affaire lorsqu'elle est faite. C'est pourquoi, pour me protéger de mes propres faiblesses, je fais un dépôt rapide sur ce compte. Cela m'évite de regretter plus tard la chance qui aurait dû être la mienne. »

« Merci ! Encore une fois, j'aime parler. » Le Syrien était de nouveau sur ses pieds. « Ces histoires se ressemblent beaucoup. Chaque fois l'occasion s'envole pour la même raison. Chaque fois qu'elle vient au procrastinateur, apportant un bon plan. Chaque fois, ils hésitent, ne disent pas, maintenant meilleur moment, je le fais vite. Comment les hommes peuvent-ils réussir de cette façon ? »

« Sages sont tes paroles, mon ami, » répondit l'acheteur. « La chance a fui la procrastination dans ces deux contes. Pourtant, ce n'est pas inhabituel. L'esprit de procrastination est en tout homme. Nous désirons la richesse ; pourtant, bien souvent, lorsque l'occasion se présente à nous, l'esprit de procrastination en nous incite à retarder notre acceptation.

En l'écoutant, nous devenons nos propres pires ennemis. « Dans ma jeunesse, je ne connaissais pas ce long mot dont jouit notre ami de Syrie. J'ai d'abord pensé que c'était mon propre mauvais jugement qui m'avait fait perdre de nombreuses transactions rentables. Plus tard, je l'ai attribué à mon entêtement. Enfin, je l'ai reconnu pour ce qu'il était — une habitude de retarder inutilement une action requise, une action rapide et décisive. Comme je l'ai détesté lorsque sa véritable nature s'est révélée. Avec l'amertume d'un âne sauvage attelé à un char, je me suis détaché de cet ennemi de mon succès. »

« Merci ! J'aime poser la question de M. Merchant. » Le Syrien parlait. « Tu portes de belles robes, pas comme celles d'un pauvre homme. Vous parlez comme un homme qui a réussi. Dites-nous, écoutez-vous maintenant quand la procrastination vous murmure à l'oreille ? » « Comme notre ami l'acheteur, j'ai aussi dû reconnaître et vaincre la procrastination », répondit le marchand. « Pour moi, elle s'est avérée être un ennemi, toujours à l'affût et attendant de contrecarrer mes accomplissements.

L'histoire que j'ai relatée n'est qu'un des nombreux exemples similaires que je pourrais raconter pour montrer comment elle a fait fuir mes opportunités. Il n'est pas difficile à conquérir, une fois compris. Aucun homme ne permet volontiers à un voleur de dévaliser ses silos à grains. Aucun homme ne permet non plus volontiers à un ennemi de faire fuir ses clients et de le priver de ses bénéfices. Lorsqu'une fois, j'ai reconnu que de tels actes étaient commis par mon ennemi, avec détermination, je l'ai conquis. Ainsi, chaque homme doit maîtriser son propre esprit de procrastination avant de pouvoir espérer partager les riches trésors de Babylone.

« Que dis-tu, Arkad ? Parce que tu es l'homme le plus riche de Babylone, beaucoup te proclament le plus chanceux. Es-tu d'accord avec moi qu'aucun homme ne peut atteindre une pleine mesure de succès avant d'avoir complètement écrasé l'esprit de procrastination en lui ? » « C'est comme tu le dis », admet Arkad. « Au cours de ma longue vie, j'ai vu les générations se succéder et avancer dans les voies du commerce, de la science et de l'apprentissage qui mènent au succès dans la vie.

Des opportunités se sont présentées à tous ces hommes. Certains ont saisi les leurs et se sont dirigés résolument vers la satisfaction de leurs désirs les plus profonds, mais la majorité a hésité, a vacillé et est restée en arrière. »

Arkad s'est tourné vers le tisseur de tissu. Tu as suggéré que nous débattions de la chance. Écoutons ce que tu penses maintenant sur le sujet ».

« Je vois la chance sous un jour différent. Je l'avais considérée comme quelque chose de très désirable qui pouvait arriver à un homme sans effort de sa part. Maintenant, je réalise que de tels événements ne sont pas le genre de choses que l'on peut attirer à soi. Notre discussion m'a appris que pour attirer la chance à soi, il est nécessaire de profiter des opportunités. Par conséquent, à l'avenir, je m'efforcerai de tirer le meilleur parti des opportunités qui se présenteront à moi. »

« Tu as bien saisi les vérités mises en avant dans notre discussion, » répondit Arkad. « La chance, nous le constatons, suit souvent l'opportunité, mais vient rarement autrement. Notre ami marchand aurait trouvé une grande chance s'il avait accepté l'opportunité que la bonne déesse lui a présentée. Notre ami l'acheteur, de même, aurait eu de la chance s'il avait conclu l'achat du troupeau et vendu à un si beau profit.

« Nous avons poursuivi cette discussion afin de trouver un moyen par lequel la chance pourrait être attirée vers nous. Je pense que nous avons trouvé le moyen. Les deux contes illustrent comment la chance suit l'opportunité. C'est là que réside une vérité que de nombreux contes similaires de bonne chance, gagnés ou perdus, ne pourraient changer. Cette vérité est la suivante : On peut attirer la chance en acceptant l'opportunité.

« Ceux qui sont désireux de saisir les opportunités pour leur amélioration, attirent l'intérêt de la bonne déesse. Elle est toujours désireuse d'aider ceux qui lui plaisent. Les hommes d'action lui plaisent le plus.

« L'action te fera avancer vers les succès que tu désires. »

Les cinq lois de l'or

« Un sac lourd d'or ou une tablette d'argile gravée de paroles de sagesse ; si tu avais le choix, lequel choisirais-tu ? »

À la lumière vacillante du feu des arbustes du désert, les visages bronzés des auditeurs brillaient d'intérêt.

« L'or, l'or, » ont dit le vingt-sept.

Le vieux Kalabab sourit d'un air entendu.

« Écoutez », reprit-il en levant la main. « Entendez les chiens sauvages là-bas dans la nuit. Ils hurlent et gémissent parce qu'ils sont affamés. Pourtant, nourrissez-les, et que font-ils ? Ils se battent et se pavanent. Puis, ils se battent et se pavanent encore, sans se soucier du lendemain qui viendra sûrement.

« Il en est de même pour les fils des hommes. Donnez-leur le choix entre l'or et la sagesse — que font-ils ?

Ils ignorent la sagesse et gaspillent l'or. Le lendemain, ils se lamentent, car ils n'ont plus d'or.

« L'or est réservé à ceux qui connaissent ses lois et les respectent. »

Kalabab resserra sa robe blanche autour de ses jambes maigres, car un vent nocturne frais soufflait.

« Parce que tu m'as servi fidèlement au cours de notre long voyage, parce que tu as bien pris soin de mes chameaux, parce que tu as peiné sans ménagement sur les sables brûlants du désert, parce que tu as combattu courageusement les voleurs qui cherchaient à spolier ma marchandise, je vais te raconter cette nuit l'histoire des cinq lois de l'or, une histoire telle que tu n'en as jamais entendu auparavant.

« Écoutez, avec une profonde attention, les mots que je prononce, car si vous saisissez leur sens et les écoutez, dans les jours qui viennent, vous aurez beaucoup d'or. » Il fit une pause impressionnante. Au-dessus, dans une voûte bleue, les étoiles brillaient dans le ciel cristallin de Babylone. Derrière le groupe se profilaient leurs tentes défraîchies, solidement plantées contre les éventuelles tempêtes du désert. À côté des tentes se trouvaient des ballots de marchandises soigneusement empilés et recouverts de peaux. Non loin de là, le troupeau de chameaux s'étalait dans le sable, certains mâchant leur popotin avec satisfaction, d'autres ronflant dans une discorde rauque.

« Tu nous as raconté beaucoup de bonnes histoires, Kalabab, » a parlé le chef emballeur. « Nous comptons sur ta sagesse pour nous guider le lendemain, lorsque notre service auprès de toi prendra fin. »

« Je ne t'ai raconté que mes aventures dans des pays étranges et lointains, mais cette nuit, je te parlerai de la sagesse d'Arkad, le sage riche. »

« Nous avons beaucoup entendu parler de lui », a reconnu le chef emballeur, « car il était l'homme le plus riche qui ait jamais vécu à Babylone ».

« Il était l'homme le plus riche, et cela parce qu'il était sage dans les voies de l'or, comme aucun homme ne l'avait jamais été avant lui. Cette nuit, je vous parlerai de sa grande sagesse telle qu'elle m'a été racontée par Nomasir, son fils, il y a de nombreuses années à Ninive, alors que je n'étais qu'un jeune garçon.

« Mon maître et moi avions séjourné jusqu'à tard dans la nuit dans le palais de Nomasir. J'avais aidé mon maître à apporter de grands paquets de tapis fins, chacun devant être essayé par Nomasir jusqu'à ce que son choix de couleurs soit satisfait. Enfin, il fut satisfait et nous ordonna de nous asseoir avec lui et de boire un millésime rare, odorant pour les narines et très réchauffant pour mon estomac, qui n'était pas habitué à une telle boisson.

« Alors, il nous a raconté cette histoire de la grande sagesse d'Arkad, son père, comme je vais vous la raconter.

« À Babylone, la coutume veut, comme vous le savez, que les fils de pères riches vivent avec leurs parents dans l'espoir d'hériter du domaine. Arkad n'approuvait pas cette coutume. Par conséquent, lorsque Nomasir a atteint le domaine de l'homme, il a fait venir le jeune homme et s'est adressé à lui :

« Mon fils, c'est mon désir que tu succèdes à mon domaine. Mais tu dois d'abord prouver que tu es capable de le gérer avec sagesse. Je souhaite donc que tu ailles dans le monde et que tu montres ton aptitude à acquérir de l'or et à te faire respecter par les hommes.

« Pour bien commencer, je vais te donner deux choses dont j'ai moi-même été privé lorsque j'ai commencé, en tant que jeune homme pauvre, à bâtir une fortune.

« D'abord, je te donne ce sac d'or. Si tu l'utilises avec sagesse, il sera la base de ton futur succès.

« Deuxièmement, je te donne cette tablette d'argile sur laquelle sont gravées les cinq lois d'or. Si tu ne fais que les interpréter dans tes propres actes, elles t'apporteront compétence et sécurité.

« Dans dix ans à compter de ce jour, reviens dans la maison de ton père et rends compte de toi-même. Si tu t'en montres digne, je ferai alors de toi l'héritier de mon domaine. Sinon, je le donnerai aux prêtres afin qu'ils échangent contre mon âme la considération de la terre des dieux.

« Nomasir partit donc pour faire son propre chemin, prenant son sac d'or, la tablette d'argile soigneusement enveloppée dans un tissu de soie, son esclave et les chevaux sur lesquels ils montaient.

« Les dix années passèrent, et Nomasir, comme il l'avait convenu, retourna à la maison de son père qui avait prévu un grand festin en son honneur, auquel il invita de nombreux amis et parents. Une fois le festin terminé, le père et la mère montèrent sur leurs sièges semblables à des trônes sur un côté de la grande salle, et Nomasir se tint devant eux pour rendre compte de lui-même comme il l'avait promis à son père.

C'était le soir. La pièce était embrumée par la fumée des mèches des lampes à huile qui ne l'éclairaient que faiblement. Des esclaves en vestes et tuniques blanches tissées éventaient l'air humide en rythme avec des feuilles de palmier à longues tiges. Une dignité majestueuse colorait la scène. La femme de Nomasir et ses deux jeunes fils, ainsi que des amis et d'autres membres de la famille, étaient assis sur des tapis derrière lui, écoutant avidement.

« Mon père », commença-t-il avec déférence, je m'incline devant ta sagesse. Il y a dix ans, alors que j'étais aux portes de l'âge adulte, tu m'as demandé d'aller de l'avant et de devenir un homme parmi les hommes, au lieu de rester un vassal de ta fortune.

« Tu m'as donné généreusement de ton or. Tu m'as donné généreusement de ta sagesse. De l'or, hélas !

Je dois admettre une manipulation désastreuse. Il s'est enfui, en effet, de mes mains inexpérimentées, comme un lièvre sauvage s'enfuit à la première occasion du jeune qui le capture ».

Le père sourit avec indulgence. « Continue, mon fils, ton histoire m'intéresse dans tous ses détails. »

« J'ai décidé de me rendre à Ninive, car c'était une ville en pleine expansion, pensant que je pourrais y trouver des opportunités. Je me suis joint à une caravane et parmi ses membres, je me suis fait de nombreux amis. Parmi eux, il y avait deux hommes au verbe clair qui possédaient un très beau cheval blanc, aussi rapide que le vent.

« Pendant notre voyage, ils me racontèrent en toute confiance qu'à Ninive se trouvait un homme riche qui possédait un cheval si rapide qu'il n'avait jamais été battu. Son propriétaire croyait qu'aucun cheval vivant ne pouvait courir avec plus de rapidité. Par conséquent, il était prêt à parier n'importe quelle somme, aussi importante soit-elle, que son cheval pouvait dépasser n'importe quel cheval de toute la Babylonie. Comparé à leur cheval, disaient mes amis, ce n'était qu'un âne lourd qui pouvait être battu facilement.

« Ils m'ont proposé, comme une grande faveur, de me permettre de me joindre à eux dans un pari. Je me suis laissé emporter par ce plan.

« Notre cheval a été sévèrement battu et j'ai perdu une grande partie de mon or. Le père se mit à rire. 'Plus tard, j'ai découvert que c'était un plan trompeur de ces hommes et qu'ils voyageaient constamment avec les caravanes à la recherche de victimes. Tu vois, l'homme de Ninive était leur partenaire et partageait avec eux les paris qu'il gagnait.

Cette tromperie astucieuse m'a enseigné ma première leçon de vigilance.

« Je devais bientôt en apprendre une autre, tout aussi amère. Dans la caravane se trouvait un autre jeune homme avec lequel je suis devenu assez ami. Il était le fils de parents aisés et, comme moi, il se rendait à Ninive pour trouver un emplacement convenable. Peu de temps après notre arrivée, il m'a dit qu'un marchand était mort et que sa boutique, avec sa riche marchandise et son patronage, pouvait être obtenue à un prix dérisoire. Disant que nous serions des partenaires égaux, mais qu'il devait d'abord retourner à Babylone pour sécuriser son or, il m'a persuadé d'acheter le stock avec mon or, convenant que le sien serait utilisé plus tard pour poursuivre notre entreprise.

« Il a longtemps retardé le voyage à Babylone, se révélant entre-temps un acheteur peu avisé et un dépensier insensé. J'ai fini par le mettre dehors, mais pas avant que les affaires ne se soient détériorées au point que nous n'avions que des marchandises invendables et pas d'or pour acheter d'autres marchandises. J'ai sacrifié ce qui restait à un Israélite pour une somme pitoyable. « Bientôt suivirent, je te le dis, mon père, des jours amers. Je cherchais un emploi et n'en trouvais pas, car je n'avais ni métier ni formation qui me permette de gagner ma vie. J'ai vendu mes chevaux. J'ai vendu mon esclave. J'ai vendu mes robes supplémentaires afin d'avoir de la nourriture et un endroit pour dormir, mais chaque jour, le besoin sinistre se faisait plus pressant.

« Mais en ces jours amers, je me suis souvenu de ta confiance en moi, mon père. Tu m'avais envoyé en avant pour devenir un homme, et j'étais déterminé à accomplir cela. La mère enfouit son visage et pleura doucement. « À ce moment-là, je me souvins de la table que tu m'avais donnée et sur laquelle tu avais gravé les cinq lois en or. J'ai alors lu très attentivement tes paroles de sagesse, et j'ai réalisé que si j'avais d'abord recherché la sagesse, mon or n'aurait pas été perdu pour moi.

J'ai appris par cœur chaque loi et j'ai décidé que, lorsqu'une fois de plus la déesse de la bonne fortune me sourirait, je serais guidé par la sagesse de l'âge et non par l'inexpérience de la jeunesse.

« Pour le bénéfice de vous qui êtes assis ici ce soir, je vais lire la sagesse de mon père telle qu'elle est gravée sur la tablette d'argile qu'il m'a donnée il y a dix ans :

LES CINQ LOIS DE L'OR

I. L'or vient volontiers et en quantité croissante à tout homme qui mettra pas moins d'un dixième de ses gains pour créer un patrimoine pour son avenir et celui de sa famille.

II. L'or travaille diligemment et avec satisfaction pour le propriétaire avisé qui lui trouve un emploi profitable, se multipliant comme les troupeaux des champs.

III. L'or s'accroche à la protection du propriétaire prudent qui l'investit sous les conseils d'hommes avisés dans sa manipulation.

IV. L'or échappe à l'homme qui l'investit dans des activités ou des objectifs qu'il ne connaît pas ou qui ne sont pas approuvés par ceux qui savent le conserver.

V. L'or fuit l'homme qui voudrait le forcer à des gains impossibles ou qui suit les conseils séduisants de fraudeurs et d'intrigants ou qui le confie à sa propre inexpérience et à ses désirs romantiques en matière d'investissement.

« Voici les cinq lois de l'or telles qu'elles ont été écrites par mon père. Je les proclame comme ayant plus de valeur que l'or lui-même, comme je le montrerai par la suite de mon récit ».

« Il fit de nouveau face à son père. Je t'ai parlé de la profondeur de la pauvreté et du désespoir auxquels mon inexpérience m'a conduit.

« Cependant, il n'y a pas de chaîne de catastrophes qui ne prenne fin. La mienne est arrivée lorsque j'ai obtenu un emploi pour diriger une équipe d'esclaves travaillant sur le nouveau mur extérieur de la ville. »

Profitant de ma connaissance de la première loi de l'or, j'ai économisé un cuivre de mes premiers gains, en y ajoutant à chaque occasion jusqu'à ce que j'aie une pièce d'argent. Ce fut une procédure lente, car il faut vivre.

Je dépensais à contrecœur, je l'avoue, puisque j'étais déterminé à regagner avant la fin des dix ans autant d'or que vous, mon père, m'en aviez donné. « Un jour, le maître d'esclaves, avec qui j'étais devenu assez ami, me dit : « Tu es un jeune homme économe qui ne dépense pas sans compter ce qu'il gagne. As-tu de l'or en réserve qui ne rapporte pas ? » «

Oui, ai-je répondu, mon plus grand désir est d'accumuler de l'or pour remplacer celui que mon père m'a donné et que j'ai perdu.

« C'est une ambition louable, je vous l'accorde, et savez-vous que l'or que vous avez économisé peut travailler pour vous et rapporter beaucoup plus d'or ? »

« Hélas ! mon expérience a été amère, car l'or de mon père s'est enfui de moi, et je crains fort que le mien ne fasse de même ».

« Si tu as confiance en moi, je te donnerai une leçon sur la manipulation profitable de l'or », répondit-il. « Dans un an, la muraille extérieure sera achevée et prête pour les grandes portes de bronze qui seront construites à chaque entrée pour protéger la ville des ennemis du roi.

Dans tout Ninive, il n'y a pas assez de métal pour fabriquer ces portes et le roi n'a pas pensé à en fournir. Voici mon plan : Un groupe d'entre nous mettra son or en commun et enverra une caravane aux mines de cuivre et d'étain, qui sont éloignées, et ramènera à Ninive le métal pour les portes.

Lorsque le roi dira : « Fais les grandes portes », nous serons les seuls à pouvoir fournir le métal et il paiera un riche prix. Si le roi ne veut pas acheter chez nous, nous aurons quand même le métal qui pourra être vendu à un prix équitable. »

« Dans son offre, j'ai reconnu une opportunité de respecter la troisième loi et d'investir mes économies sous la direction d'hommes sages. Je n'ai pas été déçu non plus. Notre pool a été un succès, et mon petit stock d'or a été considérablement augmenté par la transaction.

« En temps voulu, j'ai été accepté comme membre de ce même groupe dans d'autres entreprises. C'étaient des hommes avisés dans la manipulation profitable de l'or. Ils examinaient chaque plan présenté avec grand soin, avant de s'y engager. Ils ne voulaient pas prendre le risque de perdre leur capital ou de l'immobiliser dans des investissements non rentables dont leur or ne pourrait pas être récupéré. Des choses aussi insensées que la course de chevaux et le partenariat dans lequel je m'étais engagé avec mon inexpérience n'aurait eu que peu de considération pour eux. Ils auraient immédiatement pointé du doigt leurs faiblesses.

« Grâce à mon association avec ces hommes, j'ai appris à investir l'or en toute sécurité pour obtenir des rendements rentables. Au fil des années, mon trésor a augmenté de plus en plus rapidement. J'ai non seulement récupéré autant que ce que j'avais perdu, mais bien plus encore. « À travers mes malheurs, mes épreuves et mes succès, j'ai testé maintes et maintes fois la sagesse des cinq lois de l'or, mon père, et je les ai prouvées vraies à chaque test. À celui qui ne connaît pas les cinq lois, l'or ne vient pas souvent, et s'en va rapidement. Mais à celui qui respecte les cinq lois, l'or vient et travaille comme son esclave dévoué."

« Nomasir cessa de parler et fit signe à un esclave au fond de la pièce. L'esclave apporta, un par un, trois lourds sacs en cuir. Nomasir prit l'un d'eux et le posa sur le sol avant que son père ne lui adresse à nouveau la parole :

« Tu m'as donné un sac d'or, l'or de Babylone. Voici qu'à sa place, je te rends un sac d'or de Ninive, de même poids, Un échange égal, comme tous en conviendront.

« Tu m'as donné une tablette d'argile sur laquelle est inscrite la sagesse. Voici qu'à sa place, je te rends deux sacs d'or. En disant cela, il prit à l'esclave les deux autres sacs et, de même, les déposa sur le sol devant son père.

« Je fais cela pour te prouver, mon père, combien je considère ta sagesse plus précieuse que ton or. Pourtant, qui peut mesurer en sacs d'or, la valeur de la sagesse ? Sans sagesse, l'or est vite perdu par ceux qui le possèdent, mais avec la sagesse, l'or peut être sécurisé par ceux qui ne le possèdent pas, comme le prouvent ces trois sacs d'or.

« Il me procure, en effet, la plus profonde satisfaction, mon père, de me tenir devant toi et de dire que, grâce à ta sagesse, j'ai pu devenir riche et respecté devant les hommes ».

« Le père posa sa main avec tendresse sur la tête de Nomasir. Tu as bien appris tes leçons, et j'ai vraiment de la chance d'avoir un fils à qui je peux confier ma fortune.

« Kalabab cessa son récit et jeta un regard critique à ses auditeurs.

« Qu'est-ce que cela signifie pour toi, cette histoire de Nomasir ? », a-t-il poursuivi.

« Qui parmi vous peut aller voir son père ou le père de sa femme et rendre compte de la bonne gestion de ses revenus ?

« Que penseraient ces hommes vénérables si vous disiez : 'J'ai beaucoup voyagé, beaucoup appris, beaucoup travaillé et beaucoup gagné, mais hélas, de l'or, je n'en ai guère. J'en ai dépensé une partie à bon escient, une autre partie à tort et à travers, et j'ai perdu beaucoup de choses par des moyens imprudents ».

« Pensez-vous encore que ce n'est qu'une incohérence du destin que certains hommes aient beaucoup d'or et d'autres rien ? Alors, tu te trompes.

« Les hommes ont beaucoup d'or lorsqu'ils connaissent les cinq lois de l'or et s'y conforment.

« Parce que j'ai appris ces cinq lois dans ma jeunesse et que je les ai respectées, je suis devenu un riche marchand. Ce n'est pas par une étrange magie que j'ai accumulé ma richesse.

« La richesse qui vient rapidement suit le même chemin.

« La richesse qui reste pour donner du plaisir et de la satisfaction à son propriétaire vient progressivement, car elle est un enfant né de la connaissance et d'un but persistant.

« Gagner de la richesse n'est qu'un léger fardeau pour l'homme réfléchi. Le fait de porter ce fardeau de manière constante d'année en année permet d'atteindre le but final. Les cinq lois de l'or t'offrent une riche récompense pour leur observation. Chacune de ces cinq lois est riche de sens et, de peur que tu ne l'ignores dans la brièveté de mon récit, je vais maintenant les répéter. Je les connais toutes par cœur, car dans ma jeunesse, je voyais leur valeur et je ne serais pas satisfait avant de les connaître mot pour mot.

La première loi de l'or

L'or vient volontiers et en quantité croissante à tout homme qui mettra pas moins d'un dixième de ses gains pour créer un patrimoine pour son avenir et celui de sa famille.

« Tout homme qui mettra de côté un dixième de ses gains de façon constante et l'investira sagement créera sûrement un patrimoine de valeur qui lui assurera un revenu dans le futur et garantira en outre la sécurité de sa famille au cas où les dieux l'appelleraient dans le monde des ténèbres. Cette loi dit toujours que l'or vient volontiers à un tel homme. Je peux vraiment le certifier dans ma propre vie. Plus j'accumule d'or, plus il vient volontiers à moi et en quantité accrue. L'or que j'économise rapporte davantage, tout comme le vôtre, et ses gains rapportent davantage, et c'est là l'application de la première loi. »

La deuxième loi de l'or

L'or travaille diligemment et avec satisfaction pour le propriétaire avisé qui lui trouve un emploi profitable, se multipliant comme les troupeaux des champs.

« L'or, en effet, est un travailleur volontaire. Il est toujours prêt à se multiplier lorsque l'occasion se présente. Pour tout homme qui possède un stock d'or, l'occasion se présente de l'utiliser de la manière la plus profitable. Au fil des années, il se multiplie de manière surprenante. »

La troisième loi de l'or

L'or s'accroche à la protection du propriétaire prudent qui l'investit sous les conseils d'hommes avisés dans sa manipulation. « L'or, en effet, s'accroche au propriétaire prudent, alors qu'il fuit le propriétaire imprudent. L'homme qui cherche le conseil d'hommes sages dans le maniement de l'or apprend bientôt à ne pas mettre en péril son trésor, mais à le préserver en sécurité et à jouir dans le contentement de son accroissement constant. »

La quatrième loi de l'or

L'or échappe à l'homme qui l'investit dans des activités ou des objectifs qu'il ne connaît pas ou qui ne sont pas approuvés par ceux qui savent le conserver.

Pour l'homme qui possède de l'or, mais qui n'est pas habile à le manipuler, de nombreuses utilisations semblent très rentables. Trop souvent, elles comportent des risques de perte et, si elles sont correctement analysées par des hommes sages, elles ne présentent que de faibles possibilités de profit. Par conséquent, le propriétaire inexpérimenté de l'or qui se fie à son propre jugement et l'investit dans des affaires ou des objectifs avec lesquels il n'est pas familier, trouve trop fréquemment son jugement imparfait, et paie avec son trésor son inexpérience. Sage, en effet, est celui qui investit ses trésors sous les conseils d'hommes habiles dans les voies de l'or. »

La cinquième loi de l'or

L'or fuit l'homme qui voudrait le forcer à des gains impossibles ou qui suit les conseils séduisants de fraudeurs et d'intrigants ou qui le confie à sa propre inexpérience et à ses désirs romantiques en matière d'investissement.

« Des propositions fantaisistes qui palpitent comme des récits d'aventures arrivent toujours au nouveau propriétaire d'or. Celles-ci semblent doter son trésor de pouvoirs magiques qui lui permettront de réaliser des gains impossibles. Mais prenez garde aux sages, car ils connaissent en vérité les risques qui se cachent derrière tout plan visant à faire soudainement de grandes richesses.

« N'oubliez pas les hommes riches de Ninive qui ne prenaient aucun risque de perdre leur capital ou de l'immobiliser dans des investissements non rentables. « Ainsi se termine mon récit des cinq lois de l'or. En te le racontant, je t'ai livré les secrets de mon propre succès.

« Pourtant, ce ne sont pas des secrets, mais des vérités que tout homme doit d'abord apprendre et ensuite suivre s'il veut sortir de la multitude qui, comme vous les chiens sauvages, doit s'inquiéter chaque jour pour trouver de quoi se nourrir.

« Demain, nous entrons dans Babylone. Regardez ! Regardez le feu qui brûle éternellement au-dessus du temple de Bel ! Nous sommes déjà en vue de la cité d'or. Demain, chacun de vous aura de l'or, l'or que vous avez si bien gagné par vos fidèles services. « Dans dix ans, à compter de cette nuit, que pourras-tu dire de cet or ?

« S'il y a parmi vous des hommes qui, comme Nomasir, utiliseront une partie de leur or pour se constituer un patrimoine et seront désormais sagement guidés par la sagesse d'Arkad, dans dix ans, il y a fort à parier que, comme le fils d'Arkad, ils seront riches et respectés parmi les hommes.

« Nos actes sages nous accompagnent dans la vie pour nous plaire et nous aider. Tout aussi sûrement, nos actes imprudents nous suivent pour nous accabler et nous tourmenter. Hélas, ils ne peuvent être oubliés. Au premier rang des tourments qui nous suivent se trouvent les souvenirs des choses que nous aurions dû faire, des occasions qui se sont présentées à nous et que nous n'avons pas saisies.

« Riches sont les trésors de Babylone, si riches que nul ne peut compter leur valeur en pièces d'or. Chaque année, ils s'enrichissent et prennent de la valeur. Comme les trésors de tous les pays, ils sont une récompense, une riche récompense qui attend les hommes déterminés à obtenir leur juste part.

« Dans la force de tes propres désirs se trouve un pouvoir magique. Guide ce pouvoir avec ta connaissance des cinq lois de l'or et tu partageras les trésors de Babylone. »

Le prêteur d'or de Babylone

Cinquante pièces d'or ! Jamais auparavant Rodan, le fabricant de lances de la vieille Babylone, n'avait transporté autant d'or dans son portefeuille de cuir. Il descendit joyeusement l'autoroute du roi depuis le palais de sa très libérale Majesté. L'or cliquetait joyeusement tandis que le portefeuille à sa ceinture se balançait à chaque pas — la plus douce musique qu'il ait jamais entendue.

Cinquante pièces d'or ! Tout à lui ! Il avait du mal à réaliser sa bonne fortune. Quel pouvoir dans ces disques qui s'entrechoquent ! Ils pouvaient acheter tout ce qu'il voulait, une grande maison, des terres, du bétail, des chameaux, des chevaux, des chars, tout ce qu'il pouvait désirer.

Quel usage en ferait-il ? Ce soir, alors qu'il tournait dans une rue secondaire en direction de la maison de sa sœur, il ne pouvait penser à rien d'autre qu'à ces mêmes pièces d'or lourdes et scintillantes — à lui de les garder. C'est un soir, quelques jours plus tard, qu'un Rodan perplexe entra dans la boutique de Mathon, le prêteur d'or et marchand de bijoux et de tissus rares. Ne regardant ni à droite ni à gauche les articles colorés exposés avec art, il passa dans les quartiers d'habitation à l'arrière. Là, il trouva le gentil Mathon allongé sur un tapis en train de prendre un repas servi par un esclave noir.

« Je voudrais te conseiller, car je ne sais pas quoi faire. » Rodan se tenait debout, les pieds écartés, la poitrine velue exposée par le devant béant de sa veste en cuir. Le visage étroit et blafard de Mathon lui a adressé un sourire amical. « Quelles indiscrétions as-tu commises pour que tu cherches le prêteur d'or ? As-tu été malchanceux à la table de jeu ? Ou bien une dame bien roulée t'a-t-elle entraîné ? Je te connais depuis de nombreuses années, mais tu ne m'as jamais demandé de t'aider dans tes problèmes. »

« Non, non. Pas comme ça. Je ne cherche pas d'or. J'implore plutôt tes sages conseils. » « Entendez ! Écoutez ! Ce que cet homme dit. Personne ne vient demander conseil au prêteur d'or. Mes oreilles doivent me jouer un mauvais tour. »

« Ils écoutent vrai. »

« Cela peut-il être ainsi ? Rodan, le fabricant de lances, fait preuve de plus de ruse que tous les autres, car il vient à Mathon, non pas pour de l'or, mais pour des conseils. Beaucoup d'hommes viennent me demander de l'or pour payer leurs folies, mais quant aux conseils, ils n'en veulent pas. Pourtant, qui est plus à même de conseiller que le prêteur d'or à qui beaucoup d'hommes viennent en difficulté ?

« Tu mangeras avec moi, Rodan, » a-t-il poursuivi. Tu seras mon invité pour la soirée. Andol », ordonna-t-il à l'esclave noir, « prépare un chiffon pour mon ami Rodan, le fabricant de lances, qui vient demander conseil. Il sera mon invité d'honneur. Apporte-lui beaucoup de nourriture et procure-lui ma plus grande coupe. Choisis bien le meilleur vin pour qu'il puisse avoir la satisfaction de le boire. « Maintenant, dis-moi ce qui te trouble. »

« C'est le cadeau du roi. »

« Le cadeau du roi ? Le roi t'a fait un cadeau et il te cause des ennuis ? Quel genre de cadeau ? »

« Parce qu'il était très satisfait du projet que je lui avais soumis pour une nouvelle pointe sur les lances de la garde royale, il m'a offert cinquante pièces d'or, et maintenant, je suis très perplexe.

« Je suis imploré à chaque heure où le soleil parcourt le ciel par ceux qui veulent le partager avec moi. »

« C'est naturel. Il y a plus d'hommes qui veulent de l'or que d'hommes qui en ont, et ils souhaiteraient que celui qui en trouve facilement se sépare. Mais ne peux-tu pas dire 'Non' ? Ta volonté n'est-elle pas aussi forte que ton poing ? »

« À beaucoup, je peux dire non, pourtant parfois il serait plus facile de dire oui. Peut-on refuser de partager avec sa sœur à qui l'on est profondément dévoué ? »

« Sûrement, ta propre sœur ne voudrait pas te priver de profiter de ta récompense. »

« Mais c'est pour le bien d'Araman, son mari, qu'elle souhaite voir devenir un riche marchand. Elle estime en effet qu'il n'a jamais eu de chance et elle me supplie de lui prêter cet or pour qu'il devienne un marchand prospère et me rembourse sur ses bénéfices. »

« Mon ami », reprend Mathon, « c'est un sujet digne d'intérêt que vous abordez. L'or apporte à son possesseur une responsabilité et un changement de position vis-à-vis de ses semblables. Il apporte la peur de le perdre ou d'être détourné de lui. Il apporte un sentiment de puissance et la capacité de faire le bien. De même, il apporte des opportunités où ses très bonnes intentions peuvent le mettre en difficulté.

« Avez-vous déjà entendu parler du fermier de Ninive qui pouvait comprendre le langage des animaux ? Je ne sais pas, car ce n'est pas le genre d'histoire que les hommes aiment raconter sur la forge du fondeur de bronze. Je vais te la raconter car tu dois savoir que l'emprunt et le prêt ne se limitent pas au passage de l'or des mains de l'un à celles de l'autre.

« Ce fermier, qui pouvait comprendre ce que les animaux se disaient, s'attardait chaque soir dans la cour de la ferme pour écouter leurs paroles. Un soir, il entendit le bœuf se plaindre à l'âne de la dureté de son sort : « Je travaille à tirer la charrue du matin au soir. Quelle que soit la chaleur du jour, ou la fatigue de mes jambes, ou le frottement de l'arc sur mon cou, je dois quand même travailler. Mais vous êtes une créature de loisir. Tu es prisonnier d'une couverture colorée et ne fais rien d'autre que de porter notre maître là où il souhaite aller. Lorsqu'il ne va nulle part, tu te reposes et tu manges l'herbe verte toute la journée'.

« Or l'âne, malgré ses talons vicieux, était un brave type et sympathisait avec le bœuf.

Mon bon ami, répondit-il, tu travailles très dur et je voudrais t'aider à alléger ton sort. Je vais donc te dire comment tu peux avoir un jour de repos. Le matin, lorsque l'esclave vient te chercher pour le labour, couche-toi sur le sol et beugle beaucoup pour qu'il puisse dire que tu es malade et que tu ne peux pas travailler ».

« Le bœuf suivit donc le conseil de l'âne et le lendemain matin, l'esclave retourna chez le fermier et lui dit que le bœuf était malade et ne pouvait pas tirer la charrue. « Alors, » dit le fermier, « attelez l'âne à la charrue, car le labourage doit se poursuivre.

« Tout ce jour-là, l'âne, qui n'avait eu que l'intention d'aider son ami, se trouva contraint d'accomplir la tâche du bœuf. Lorsque la nuit arriva et qu'il fut libéré de la charrue, son cœur était amer, ses jambes étaient fatiguées et son cou était douloureux là où l'arc l'avait froissé.

« Le fermier s'est attardé dans la basse-cour pour écouter.

« Le bœuf a commencé le premier. 'Tu es mon bon ami. Grâce à tes sages conseils, j'ai pu profiter d'un jour de repos.'

« Et moi, rétorqua l'âne, je suis comme beaucoup d'autres personnes au cœur simple qui commencent à aider un ami et finissent par faire sa tâche à sa place. Désormais, tu tireras ta propre charrue, car j'ai entendu le maître dire à l'esclave d'envoyer chercher le boucher si tu étais à nouveau malade. J'aimerais bien qu'il le fasse, car tu es un paresseux ».

Par la suite, ils ne se parlèrent plus — ceci mit fin à leur amitié. Peux-tu dire la morale de cette histoire, Rodan ? »

« C'est une bonne histoire, » répondit Rodan, « mais je n'en vois pas la morale. »

« Je ne pensais pas que vous le feriez. Mais c'est là et c'est simple aussi. Juste ceci : Si tu désires aider ton ami, fais-le de manière à ne pas reporter sur toi les fardeaux de ton ami. »

« Je n'avais pas pensé à cela. C'est un sage moral. Je ne souhaite pas assumer les charges du mari de ma sœur. Mais dites-moi. Vous prêtez à beaucoup. Les emprunteurs ne remboursent-ils pas ? »

Mathon sourit du sourire de celui dont l'âme est riche de beaucoup d'expérience. « Un prêt peut-il être bien fait si l'emprunteur ne peut pas rembourser ? Le prêteur ne doit-il pas être sage et juger soigneusement si son or peut servir à quelque chose d'utile à l'emprunteur et lui revenir une fois de plus ; ou s'il sera gaspillé par quelqu'un incapable de l'utiliser à bon escient et le laissera sans son trésor, et laissera l'emprunteur avec une dette qu'il ne pourra pas rembourser ? Je vais te montrer les jetons de mon coffre à jetons et les laisser te raconter quelques-unes de leurs histoires. »

Dans la pièce, il apporta un coffre aussi long que son bras, couvert de peau de porc rouge et orné de motifs en bronze. Il le posa sur le sol et s'accroupit devant, les deux mains sur le couvercle.

« De chaque personne à qui je prête, j'exige un jeton pour mon coffre à jetons, qui y restera jusqu'à ce que le prêt soit remboursé. Lorsqu'ils remboursent, je leur rends, mais s'ils ne remboursent jamais, cela me rappellera toujours celui qui n'a pas été fidèle à ma confiance.

« Les prêts les plus sûrs, me dit ma boîte à jetons, sont accordés à ceux dont les possessions ont plus de valeur que celle qu'ils désirent. Ils possèdent des terres, ou des bijoux, ou des chameaux, ou d'autres choses qui pourraient être vendues pour rembourser le prêt. Certains des gages qui me sont donnés sont des bijoux de plus grande valeur que le prêt. D'autres sont des promesses que si le prêt n'est pas remboursé comme convenu, ils me livreront certains biens. Pour de tels prêts, je suis assuré que mon or me sera rendu avec le loyer qu'il représente, car le prêt est basé sur la propriété. « Dans une autre classe se trouvent ceux qui ont la capacité de gagner. Ils sont tels que vous, qui travaillent ou servent et sont payés. Ils ont un revenu et s'ils sont honnêtes et ne souffrent d'aucun malheur, je sais qu'ils peuvent également rembourser l'or que je leur prête et le loyer auquel j'ai droit. Ces prêts sont basés sur l'effort humain.

« Les autres sont ceux qui n'ont ni biens ni capacité de gain assurée. La vie est dure et il y en aura toujours qui ne pourront pas s'y adapter. Hélas pour les prêts que je leur accorde, même s'ils ne sont pas plus grands qu'un penny, ma boîte à jetons pourrait me censurer dans les années à venir, à moins qu'ils ne soient garantis par de bons amis de l'emprunteur qui le savent honorable. »

Mathon a libéré le fermoir et a ouvert le couvercle. Rodan se pencha vers l'avant avec impatience. Au sommet du coffre, un collier de bronze reposait sur un tissu écarlate. Mathon ramassa la pièce et la tapota affectueusement. « Ceci restera toujours dans mon coffre à jetons, car son propriétaire est passé dans les grandes ténèbres. Je le chéris, son jeton, et je chéris sa mémoire, parce qu'il était mon bon ami. Nous avons commercé ensemble avec beaucoup de succès jusqu'à ce que de l'Est-il amène une femme à épouser, belle, mais pas comme nos femmes. Une créature éblouissante. Il dépensa son or sans compter pour satisfaire ses désirs.

Il est venu me voir en détresse lorsque son or a disparu. Je l'ai conseillé. Je lui ai dit que je l'aiderais à maîtriser à nouveau ses propres affaires. Il a juré par le signe du Grand Taureau qu'il le ferait. Mais il n'en fut rien. Dans une querelle, elle enfonça un couteau dans le cœur qu'il avait osé lui transpercer. »

« Et elle ? », a demandé Rodan.

« Oui, bien sûr, c'était à elle. » Il a ramassé le tissu écarlate. « Dans un amer remords, elle s'est jetée dans l'Euphrate. Ces deux emprunts ne seront jamais remboursés. Le coffre te dit, Rodan, que les humains en proie à de grandes émotions ne sont pas des risques sûrs pour le prêteur d'or.

« Ici ! Maintenant, c'est différent. » Il a tendu la main vers un anneau taillé dans un os de bœuf. « Ceci appartient à un fermier. J'achète les tapis de ses femmes. Les sauterelles sont arrivées et ils n'avaient pas de nourriture. Je l'ai aidé et quand la nouvelle récolte est arrivée, il m'a remboursé. Plus tard, il est revenu et a raconté l'histoire de chèvres étranges dans un pays lointain, décrites par un voyageur. Elles avaient de longs poils si fins et si doux qu'ils se tissaient en tapis plus beaux que tous ceux jamais vus à Babylone. Il voulait un troupeau, mais il n'avait pas d'argent. Je lui ai donc prêté de l'or pour qu'il fasse le voyage et ramène des chèvres. Maintenant son troupeau est commencé et l'année prochaine, je surprendrai les seigneurs de Babylone avec les tapis les plus chers qu'ils aient eu la chance d'acheter. Je dois bientôt lui rendre sa bague. Il insiste pour me rembourser rapidement. »

« Certains emprunteurs font cela ? », a demandé Rodan.

« S'ils empruntent dans un but qui leur rapporte de l'argent, je le trouve ainsi. Mais s'ils empruntent à cause de leurs indiscrétions, je t'avertis d'être prudent si tu veux un jour retrouver ton or en main. »

« Parlez-moi de ceci », a demandé Rodan, en prenant un lourd bracelet en or serti de bijoux aux motifs rares.

« Les femmes plaisent à mon bon ami », a badiné Mathon.

« Je suis encore beaucoup plus jeune que vous », a rétorqué Rodan.

« Je te l'accorde, mais cette fois, tu soupçonnes le romantisme là où il n'est pas. La propriétaire de cet établissement est grosse et ridée et parle tellement et dit si peu qu'elle me rend folle. Autrefois, ils avaient beaucoup d'argent et étaient de bons clients, mais des temps difficiles leur sont tombés dessus. Elle a un fils dont elle voudrait faire un marchand. Elle est donc venue me voir et m'a emprunté de l'or pour qu'il devienne l'associé d'un propriétaire de caravane qui voyage avec ses chameaux en troquant dans une ville ce qu'il achète dans une autre.

« Cet homme s'est révélé être un coquin, car il a laissé le pauvre garçon dans une ville lointaine, sans argent et sans amis, se retirant tôt pendant que le jeune dormait. Peut-être que lorsque ce jeune sera devenu un homme, il remboursera ; d'ici là, je n'obtiens aucune location pour le prêt — seulement beaucoup de paroles. Mais j'admets que les bijoux sont dignes du prêt ».

« Cette dame vous a-t-elle demandé votre avis sur la sagesse de ce prêt ? »

« Tout à fait autrement. Elle s'était imaginée que son fils était un homme riche et puissant de Babylone. Suggérer le contraire, c'était la rendre furieuse. J'ai eu une réprimande juste. Je connaissais le risque pour ce garçon inexpérimenté, mais comme elle offrait la sécurité, je ne pouvais pas la refuser.

« Ceci », poursuit Mathon, en agitant un bout de corde de bât noué en un nœud, « appartient à Nebatur, le marchand de chameaux. Lorsqu'il veut acheter un troupeau plus important que ses fonds, il m'apporte ce nœud et je lui prête selon ses besoins. C'est un commerçant avisé. J'ai confiance en son bon jugement et je peux lui prêter librement. De nombreux autres marchands de Babylone ont ma confiance en raison de leur comportement honorable. Leurs jetons vont et viennent fréquemment dans ma boîte à jetons. Les bons marchands sont un atout pour notre ville et il me profite de les aider à maintenir le commerce en mouvement afin que Babylone soit prospère. »

Mathon a choisi un scarabée sculpté en turquoise et l'a jeté avec mépris sur le sol. « Un insecte d'Égypte. Le garçon à qui il appartient ne se soucie pas de savoir si je ne recevrai jamais mon or en retour. Quand je lui fais des reproches, il répond : 'Comment puis-je rembourser quand le mauvais sort me poursuit ? Vous en avez beaucoup plus.' Que puis-je faire ? Le gage est celui de son père — un homme digne et peu fortuné qui a mis en gage ses terres et son troupeau pour soutenir les entreprises de son fils. Le jeune homme a d'abord trouvé le succès, puis a fait preuve d'un excès de zèle pour acquérir de grandes richesses.

Ses connaissances étaient immatures. Ses entreprises se sont effondrées. « La jeunesse est ambitieuse. La jeunesse prend des raccourcis pour atteindre la richesse et les choses désirables qu'elle représente. Pour s'assurer rapidement la richesse, la jeunesse emprunte souvent de manière imprudente. Les jeunes, qui n'ont jamais eu d'expérience, ne peuvent pas se rendre compte que les dettes sans espoir sont comme une fosse profonde dans laquelle on peut descendre rapidement et où on peut se débattre vainement pendant de nombreux jours. C'est une fosse de chagrin et de regrets où l'éclat du soleil est couvert et où la nuit est rendue malheureuse par un sommeil agité.

Pourtant, je ne décourage pas l'emprunt d'or. Je l'encourage. Je le recommande si c'est dans un but judicieux. J'ai moi-même fait mon premier vrai succès en tant que marchand avec de l'or emprunté.

« Cependant, que doit faire le prêteur dans un tel cas ? Le jeune est désespéré et n'accomplit rien. Il est découragé. Il ne fait aucun effort pour rembourser. Mon cœur se détourne de priver le père de ses terres et de son bétail. »

« Vous me dites beaucoup de choses qui m'intéressent », se risque Rodan, « mais, je n'entends aucune réponse à ma question. Devrais-je prêter mes cinquante pièces d'or au mari de ma sœur ? Elles comptent beaucoup pour moi. »

« Ta sœur est une femme de valeur que j'estime beaucoup. Si son mari venait me voir et me demandait d'emprunter cinquante pièces d'or, je lui demanderais dans quel but il les utiliserait.

« S'il répondait qu'il désire devenir un marchand comme moi et faire commerce de bijoux et de riches meubles. Je lui dirais : 'Quelle connaissance as-tu des méthodes du commerce ? Sais-tu où tu peux acheter au moindre coût ? Sais-tu où tu peux vendre à un prix équitable ? » Pouvait-il répondre 'Oui' à ces questions ? » « Non, il ne pourrait pas », admet Rodan. «

Il m'a beaucoup aidé à fabriquer des lances et il en a aidé quelques-uns dans les magasins ».

« Alors, je lui dirais que son but n'était pas sage. Les marchands doivent apprendre leur métier. Son ambition, bien que louable, n'est pas pratique et je ne lui prêterais pas d'or.

« Mais, à supposer qu'il puisse dire : 'Oui, j'ai beaucoup aidé les marchands. Je sais comment me rendre à Smyrne et acheter à bas prix les tapis que tissent les ménagères. Je connais aussi de nombreux riches de Babylone à qui je peux les vendre avec un gros bénéfice.' Je leur dirais alors : ' Ton projet est sage et ton ambition honorable. Je serai heureux de te prêter les cinquante pièces d'or si tu peux me donner la garantie qu'elles te seront rendues. ' Mais il répondrait : ' Je n'ai aucune garantie, si ce n'est que je suis un homme d'honneur et que je vous paierai bien pour ce prêt.' Je répondrais alors : 'Je chéris beaucoup chaque pièce d'or. Si les voleurs te la prenaient pendant ton voyage à Smyrne où te prenaient les tapis à ton retour, alors tu n'aurais aucun moyen de me rembourser et mon or disparaîtrait'.

« L'or, vois-tu, Rodan, est la marchandise du prêteur d'argent. Il est facile à prêter. S'il est prêté de manière imprudente, il est difficile de le récupérer. Le prêteur avisé ne souhaite pas le risque de l'engagement, mais la garantie d'un remboursement sûr. « Il est bon, poursuit-il, d'aider ceux qui sont en difficulté, d'aider ceux sur qui le destin a mis une main lourde. Il est bon d'aider ceux qui débutent afin qu'ils puissent progresser et devenir des citoyens de valeur. Mais l'aide doit être donnée avec sagesse, de peur que, comme l'âne du fermier, dans notre désir d'aider, nous ne prenions sur nous le fardeau qui appartient à un autre.

« Je me suis encore éloigné de ta question, Rodan, mais écoute ma réponse : Garde tes cinquante pièces d'or. Ce que ton travail te rapporte et ce qui t'est donné en récompense t'appartient, et aucun homme ne peut t'obliger à t'en séparer, à moins que tu ne le veuilles. Si tu veux le prêter pour qu'il te rapporte plus d'or, alors prête-le avec prudence et à plusieurs endroits. Je n'aime pas l'or oisif, et j'aime encore moins les risques trop élevés.

« Combien d'années as-tu travaillées comme fabricant de lances ? »

« Plein de trois. »

« Combien, en plus du cadeau du Roi, avez-vous économisé ? »

« Trois pièces. »

« Chaque année où tu as travaillé, t'es-tu privé de bonnes choses pour économiser sur tes gains une pièce d'or ? »

« C'est comme vous le dites. »

« Tu pourrais donc économiser en cinquante ans de travail cinquante pièces d'or par ton abnégation ? »

« Une vie de labeur, ce serait. »

« Crois-tu que ta sœur souhaiterait mettre en péril les économies de cinquante ans de labeur sur le creuset de bronze pour que son mari puisse expérimenter le métier de commerçant ? »

« Pas si je parle avec vos mots. »

Puis allez vers elle et dites : « Pendant trois ans, j'ai travaillé chaque jour, sauf les jours de jeûne, du matin au soir, et je me suis privé de beaucoup de choses dont mon cœur avait envie. Pour chaque année de travail et d'abnégation, je dois montrer une pièce d'or. Tu es ma sœur privilégiée et je souhaite que ton mari s'engage dans des affaires dans lesquelles il prospérera grandement. S'il me soumet un plan qui semble sage et possible à mon ami Mathon, je lui prêterai volontiers mes économies d'une année entière afin qu'il ait l'occasion de prouver qu'il peut réussir. »

« Faites cela », dis-je, « et s'il a en lui l'âme pour réussir, il pourra le prouver. S'il échoue, il ne te devra pas plus que ce qu'il peut espérer rembourser un jour. »

« Je suis un prêteur d'or parce que je possède plus d'or que je ne peux en utiliser dans mon propre commerce. Je désire utiliser mon surplus d'or pour travailler pour les autres et ainsi gagner plus d'or. Je ne veux pas prendre le risque de perdre mon or, car j'ai beaucoup travaillé et je me suis beaucoup privé pour l'obtenir. Par conséquent, je ne prêterai plus d'or là où je ne suis pas sûr qu'il est en sécurité et qu'il me sera rendu. Je ne le prêterai pas non plus là où je ne suis pas convaincu que ses gains me seront promptement versés. »

« Je t'ai raconté, Rodan, quelques-uns des secrets de mon coffre à gages. D'après eux, tu peux comprendre la faiblesse des hommes et leur empressement à emprunter ce qu'ils n'ont aucun moyen certain de rembourser. De là, tu peux voir combien souvent leurs grands espoirs des grands gains qu'ils pourraient faire, si seulement ils avaient de l'or, ne sont que de faux espoirs qu'ils n'ont pas la capacité ou l'entraînement pour réaliser. »

« Toi, Rodan, tu as maintenant de l'or que tu devrais utiliser pour gagner plus d'or pour toi. Tu es sur le point de devenir, comme moi, un prêteur d'or. Si tu conserves ton trésor en toute sécurité, il te rapportera de généreux revenus et sera une riche source de plaisir et de profit pour tous tes jours. Mais si tu le laisses s'échapper, il sera une source constante de chagrin et de regret aussi longtemps que durera ta mémoire.

« Que désires-tu le plus de cet or dans ton portefeuille ? »

« Pour le garder en sécurité. »

« Sagement dit », répondit Mathon d'un ton approbateur. « Ton premier désir est la sécurité. Penses-tu que sous la garde du mari de ta sœur, il serait vraiment à l'abri d'une perte éventuelle ? »

« Je ne crains rien, car il n'est pas sage pour garder l'or. »

« Alors ne te laisse pas influencer par de stupides sentiments d'obligation de confier ton trésor à une personne quelconque. Si tu veux aider ta famille ou tes amis, trouve d'autres moyens que de risquer la perte de ton trésor. N'oublie pas que l'or se dérobe de manière inattendue à ceux qui ne savent pas le garder. Autant gaspiller ton trésor dans des extravagances que laisser les autres le perdre pour toi.

« Après la sécurité, que désirez-vous de ce trésor ? »

« Qu'il gagne plus d'or. »

« Encore une fois, tu parles avec sagesse. Il faut le faire gagner et le faire grandir.

L'or judicieusement prêté peut même doubler ses gains avant qu'un homme comme vous ne devienne vieux. Si vous risquez de le perdre, vous risquez de perdre aussi tout ce qu'il gagnerait. »

« Par conséquent, ne vous laissez pas influencer par les plans fantastiques d'hommes peu pratiques qui pensent voir des moyens de forcer votre or à faire des gains exceptionnellement élevés. De tels plans sont les créations de rêveurs peu au fait des lois sûres et fiables du commerce. Soyez prudent dans ce que vous attendez qu'il gagne afin de pouvoir conserver et profiter de votre trésor. Le louer en promettant des rendements usuraires est une invitation à la perte. »

« Cherche à t'associer à des hommes et à des entreprises dont le succès est établi, afin que ton trésor gagne généreusement sous leur utilisation habile et soit gardé en toute sécurité par leur sagesse et leur expérience. »

« Ainsi, puisses-tu éviter les malheurs qui suivent la plupart des fils d'hommes à qui les dieux jugent bon de confier de l'or. »

Lorsque Rodan le remerciait pour ses sages conseils, il n'écoutait pas, disant : « Le cadeau du roi t'enseignera beaucoup de sagesse. Si tu veux garder tes cinquante pièces d'or, tu dois être discret. De nombreuses utilisations te tenteront. De nombreux conseils te seront prodigués. De nombreuses opportunités de faire de gros profits te seront offertes. Les histoires de ma boîte à jetons devraient t'avertir, avant de laisser une pièce d'or quitter ta poche, de t'assurer que tu as un moyen sûr de la récupérer. Si mes autres conseils t'intéressent, reviens encore. Il est donné avec plaisir. »

Lisez ceci que j'ai gravé sous le couvercle de ma boîte à jetons. Il s'applique aussi bien à l'emprunteur qu'au prêteur :
MIEUX VAUT UN PEU DE PRUDENCE QU'UN GRAND REGRET

Les murs de Babylone

Le vieux Banzar, sinistre guerrier d'un autre jour, montait la garde au passage menant au sommet des anciens murs de Babylone. Là-haut, de vaillants défenseurs se battaient pour tenir les murs. D'eux dépendait l'existence future de cette grande ville avec ses centaines de milliers de citoyens. Par-dessus les murs, on entendait le rugissement des armées attaquantes, les cris de nombreux hommes, le piétinement de milliers de chevaux, le boum assourdissant des béliers martelant les portes en bronze.

Dans la rue derrière la porte se tenaient les lanciers, attendant de défendre l'entrée si les portes cédaient. Ils n'étaient que peu nombreux pour cette tâche. Les principales armées de Babylone étaient avec leur roi, loin à l'est dans la grande expédition contre les Élamites. Aucune attaque contre la ville n'ayant été prévue pendant leur absence, les forces de défense étaient réduites.

De façon inattendue, du nord, s'abattent les puissantes armées des Assyriens. Et maintenant, les murs doivent tenir ou Babylone est condamnée.

Autour de Banzar se trouvait une grande foule de citoyens, au visage blanc et terrifié, cherchant avidement des nouvelles de la bataille. Avec une crainte feutrée, ils regardaient le flot de blessés et de morts transportés ou conduits hors du passage. C'était le point crucial de l'attaque. Après trois jours à tourner autour de la ville, l'ennemi avait soudainement lancé sa grande force contre cette section et cette porte.

Les défenseurs du haut du mur combattaient les plates-formes d'escalade et les échelles d'escalade des attaquants avec des flèches, de l'huile brûlante et, si certains atteignaient le sommet, des lances. Contre les défenseurs, des milliers d'archers de l'ennemi déversaient un barrage de flèches mortelles.

Le vieux Banzar avait le point d'observation pour les nouvelles. Il était le plus proche du conflit et le premier à entendre parler de chaque nouvelle repousse, des attaquants frénétiques.

Un vieux marchand s'est approché de lui, ses mains paralysées frémissent. « Dites-moi ! Dites-moi !» supplie-t-il. « Ils ne peuvent pas entrer. Mes fils sont avec le bon roi. Il n'y a personne pour protéger ma vieille femme.

Mes biens, ils voleront tout. Ma nourriture, ils ne laisseront rien. Nous sommes vieux, trop vieux pour nous défendre — trop vieux pour être esclaves. Nous allons mourir de faim. Nous mourrons. Dites-moi qu'ils ne peuvent pas entrer.»

« Calme-toi, bon marchand,» répondit le garde. « Les murs de Babylone sont solides. Retourne au bazar et dis à ta femme que les murs te protégeront, toi et tous tes biens, aussi sûrement qu'ils protègent les riches trésors du roi. Reste près des murs, de peur que les flèches qui volent au-dessus ne te frappent !»

Une femme avec un bébé dans les bras a pris la place du vieil homme lorsqu'il s'est retiré.

« Sergent, quelles nouvelles du sommet ? Dites-le-moi vraiment afin que je puisse rassurer mon pauvre mari. Il est allongé avec la fièvre de ses terribles blessures, mais insiste sur son armure et sa lance pour me protéger, moi qui suis enceinte. Terrible, dit-il, sera la convoitise vengeresse de nos ennemis s'ils font irruption.»

« Sois de bon cœur, mère qui est, et qui sera encore, les murs de Babylone te protégeront, toi et tes bébés. Ils sont hauts et forts. N'entendez-vous pas les hurlements de nos vaillants défenseurs lorsqu'ils vident les chaudrons d'huile brûlante sur les échaudeurs d'échelles ? »

« Oui, c'est ce que j'entends et aussi le rugissement des béliers qui martèlent nos portes. »

« Retourne auprès de ton mari. Dis-lui que les portes sont solides et résistent aux béliers. Aussi que les scalaires escaladent les murs, mais pour recevoir le coup de lance qui les attend. Regarde, ton chemin et hâte-toi derrière tes bâtiments. »

Banzar s'écarta pour laisser le passage aux renforts lourdement armés. Alors qu'ils passaient en faisant cliqueter leurs boucliers de bronze et en marchant d'un pas lourd, une petite fille s'est accrochée à sa ceinture.

« Dites-moi, s'il vous plaît, soldat, sommes-nous en sécurité ? », a-t-elle supplié. J'entends les bruits terribles. Je vois les hommes qui saignent tous. Je suis si effrayée. Que va-t-il advenir de notre famille, de ma mère, de mon petit frère et du bébé ? »

Le vieux militant sinistre cligna des yeux et avança le menton en regardant l'enfant.

« N'aie pas peur, petite, » l'a-t-il rassurée. « Les murs de Babylone vous protégeront, toi, ta mère, ton petit frère et le bébé. C'est pour la sécurité de personnes telles que vous que la bonne reine Sémiramis les a construits il y a plus de cent ans. Jamais ils n'ont été franchis. Retourne dire à ta mère, ton petit frère et le bébé que les murs de Babylone les protégeront et qu'ils n'ont rien à craindre. »

Jour après jour, le vieux Banzar se tenait à son poste et regardait les renforts remonter le passage, là pour rester et se battre jusqu'à ce que, blessés ou morts, ils redescendent.

Autour de lui, se pressait sans cesse la foule des citoyens effrayés, désireux de savoir si les murs tiendraient.

À tous, il a répondu avec la belle dignité d'un vieux soldat : « Les murs de Babylone vous protègeront. »

Pendant trois semaines et cinq jours, l'attaque s'est déroulée avec une violence à peine cessante. La mâchoire de Banzar était de plus en plus dure, tandis que le passage derrière, mouillé du sang des nombreux blessés, était transformé en boue par les flux incessants d'hommes qui montaient et descendaient en titubant. Chaque jour, les assaillants abattus s'entassaient en tas devant le mur. Chaque nuit, ils étaient ramenés et enterrés par leurs camarades. La cinquième nuit de la quatrième semaine, la clameur ne diminua pas. Les premières lueurs du jour, illuminant les plaines, révélèrent de grands nuages de poussière soulevés par les armées en retraite.

Un cri puissant s'éleva des défenseurs. Il n'y avait aucun doute sur sa signification. Il a été répété par les troupes qui attendaient derrière les murs. Il a été répercuté par les citoyens dans les rues. Il a balayé la ville avec la violence d'une tempête.

Les gens se sont précipités hors des maisons. Les rues étaient encombrées d'une foule palpitante. La peur refoulée des semaines a trouvé un exutoire dans le chœur sauvage de la joie. Du haut de la haute tour du temple de Bel jaillirent les flammes de la victoire. Dans le ciel flottait la colonne de fumée bleue pour porter le message au loin.

Les murs de Babylone avaient une fois de plus repoussé un ennemi puissant et visqueux, déterminé à piller ses riches trésors et à ravir et asservir ses citoyens. Babylone a perduré siècle après siècle parce qu'elle était entièrement protégée. Elle ne pouvait pas se permettre d'être autrement.

Les murs de Babylone étaient un exemple remarquable du besoin et du désir de protection de l'homme.

Ce désir est inhérent à la race humaine. Il est tout aussi fort aujourd'hui qu'il ne l'a jamais été, mais nous avons élaboré des plans plus larges et meilleurs pour atteindre le même objectif.

Aujourd'hui, derrière les murs imprenables des assurances, des comptes d'épargne et des investissements fiables, nous pouvons nous prémunir contre les tragédies inattendues qui peuvent entrer par n'importe quelle porte et s'installer au coin du feu.

NOUS NE POUVONS PAS NOUS PERMETTRE D'ÊTRE SANS PROTECTION ADÉQUATE

Le marchand de chameaux de Babylone

Plus on a faim, plus l'esprit est clair — et plus, on est sensible aux odeurs de nourriture.

Tarkad, le fils d'Azure, le pensait certainement. Pendant deux jours entiers, il n'avait goûté à aucune nourriture, à l'exception de deux petites figues dérobées par-dessus le mur d'un jardin. Il n'avait pas pu en attraper une autre avant que la femme en colère ne se précipite et ne le poursuive dans la rue. Ses cris stridents résonnaient encore dans ses oreilles alors qu'il traversait la place du marché. Ils l'aidaient à retenir ses doigts agités d'arracher les fruits tentants des paniers des marchandes.

Jamais auparavant, il n'avait réalisé combien de nourriture était apportée sur les marchés de Babylone et combien elle sentait bon. Quittant le marché, il traversa l'auberge et fit les cent pas devant le réfectoire. Peut-être rencontrerait-il ici quelqu'un qu'il connaissait, quelqu'un à qui il pourrait emprunter un cuivre qui lui vaudrait un sourire de l'inamicale tenancière de l'auberge et, avec cela, une généreuse portion. Sans le cuivre, il ne savait que trop bien à quel point il serait malvenu.

Dans son abstraction, il se retrouva inopinément face à l'homme qu'il souhaitait le plus éviter, la grande silhouette osseuse de Dabasir, le marchand de chameaux. De tous les amis et autres personnes à qui il avait emprunté de petites sommes, Dabasir était celui qui le mettait le plus mal à l'aise, car il ne tenait pas ses promesses de remboursement rapide.

Le visage de Dabasir s'illumina à sa vue. « Ha ! C'est Tarkad, justement celui que je cherchais pour qu'il puisse rembourser les deux pièces de cuivre que je lui ai prêtées il y a une lune, ainsi que la pièce d'argent que je lui ai prêtée auparavant. Nous nous sommes bien rencontrés. Je peux faire bon usage de ces pièces aujourd'hui même. Qu'en dis-tu, mon garçon ? Qu'en dis-tu ? »

Tarkad bégaya et son visage rougit. Il n'avait rien dans son estomac vide pour l'inciter à discuter avec le franc-parler de Dabasir. « Je suis désolé, vraiment désolé, » marmonna-t-il faiblement, « mais aujourd'hui, je n'ai ni le cuivre ni l'argent avec lesquels je pourrais rembourser. »

« Alors trouve-les », insista Dabasir. « Tu peux sûrement mettre la main sur quelques pièces de cuivre et d'argent pour rembourser la générosité d'un vieil ami de ton père qui t'a aidé lorsque tu étais dans le besoin. »

« C'est parce que la malchance me poursuit que je ne peux pas payer. »

« Mauvaise fortune ! Tu voudrais blâmer les dieux pour ta propre faiblesse. La malchance poursuit tout homme qui pense plus à emprunter qu'à rembourser. Viens avec moi, mon garçon, pendant que je mange. J'ai faim et je voudrais te raconter une histoire. »

Tarkad a tressailli devant la franchise brutale de Dabasir, mais ici au moins, il s'agissait d'une invitation à franchir la porte convoitée de la salle à manger.

Dabasir le poussa vers un coin éloigné de la pièce où ils s'assirent sur de petits tapis.

Lorsque Kauskor, le propriétaire, apparut en souriant, Dabasir s'adressa à lui avec sa liberté habituelle : « Gros lézard du désert, apporte-moi un gigot de chèvre, brun, avec beaucoup de jus, et du pain et tous les légumes, car j'ai faim et je veux beaucoup de nourriture. N'oublie pas mon ami ici présent. Apporte-lui une cruche d'eau. Fais-la refroidir, car la journée est chaude. »

Le cœur de Tarkad se serra. Devait-il rester assis ici et boire de l'eau pendant qu'il regardait cet homme dévorer une cuisse de chèvre entière ? Il ne dit rien. Il ne pensait à rien qu'il puisse dire.

Dabasir, cependant, ne connaissait pas le silence. Souriant et saluant de la main avec bonhomie les autres clients, qui le connaissaient tous, il poursuivit. « Un voyageur qui revient d'Urfa m'a parlé d'un certain homme riche qui possède un morceau de pierre taillé si fin qu'on peut regarder à travers. Il l'a mis à la fenêtre de sa maison pour se protéger des pluies.

Elle est jaune, donc ce voyageur s'y rapporte, et il a été autorisé à regarder à travers elle, et tout le monde extérieur semblait étrange et pas comme il est vraiment. Que dis-tu de cela, Tarkad ? Tu penses que le monde entier pourrait paraître à un homme d'une couleur différente de ce qu'il est ? »

« J'ose le dire », répondit le jeune homme, bien plus intéressé par le gras gigot de chèvre placé devant Dabasir.

« Eh bien, je sais que c'est vrai car j'ai moi-même vu le monde d'une couleur différente de ce qu'il est réellement et l'histoire que je vais raconter raconte comment j'en suis venu à le voir dans sa juste couleur une fois de plus. »

« Dabasir va raconter une histoire », chuchote un voisin de table à son voisin, et rapproche son tapis. D'autres dîneurs apportèrent leur nourriture et s'entassèrent en demi-cercle. Ils crissaient bruyamment aux oreilles de Tarkad et l'effleuraient de leurs os charnus. Lui seul était sans nourriture. Dabasir ne lui proposa pas de partager avec lui, ni même de lui faire signe de prendre un petit coin du pain dur qui s'était détaché et était tombé du plateau sur le sol.

« L'histoire que je m'apprête à raconter », commence Dabasir, en s'arrêtant pour mordre un bon morceau de la patte de chèvre, « concerne mes débuts dans la vie et comment je suis devenu un marchand de chameaux. Saviez-vous que j'étais autrefois esclave en Syrie ? »

Un murmure de surprise a parcouru l'assistance, que Dabasir a écouté avec satisfaction.

« Quand j'étais un jeune homme », a poursuivi Dabasir après un autre assaut vicieux sur la patte de la chèvre,

« J'ai appris le métier de mon père, la fabrication de selles. J'ai travaillé avec lui dans son atelier et j'ai pris une épouse. Étant jeune et peu qualifié, je ne pouvais gagner que peu, juste assez pour entretenir modestement mon excellente épouse. J'avais envie de bonnes choses que je ne pouvais pas me permettre. Je me suis vite rendu compte que les commerçants me faisaient confiance pour payer plus tard, même si je ne pouvais pas payer sur le moment. « Étant jeune et sans expérience, je ne savais pas que celui qui dépense plus que ce qu'il gagne sème les vents d'une complaisance inutile dont il est sûr de récolter les tourbillons d'ennuis et d'humiliation. J'ai donc cédé à mes caprices pour de beaux vêtements et j'ai acheté des objets de luxe pour ma bonne épouse et notre maison, au-delà de nos moyens. « J'ai payé comme je le pouvais et pendant un certain temps, tout allait bien. Mais avec le temps, j'ai découvert que je ne pouvais pas utiliser mes gains à la fois pour vivre et pour payer mes dettes.

Les créanciers ont commencé à me poursuivre pour payer mes achats extravagants et ma vie est devenue misérable. J'ai emprunté à mes amis, mais je ne pouvais pas non plus les rembourser. Les choses allèrent de mal en pis. Ma femme retourna chez son père et je décidai de quitter Babylone et de chercher une autre ville où un jeune homme pourrait avoir de meilleures chances. »

« Pendant deux ans, j'ai eu une vie agitée et infructueuse en travaillant pour des commerçants de caravanes. C'est ainsi que je suis tombé sur un groupe de sympathiques voleurs qui écumaient le désert à la recherche de caravanes désarmées. De tels actes étaient indignes du fils de mon père, mais je voyais le monde à travers une pierre colorée et ne réalisais pas à quelle déchéance j'étais tombé.

« Nous avons rencontré le succès lors de notre premier voyage, capturant un riche butin d'or, de soies et de marchandises de valeur. Nous avons emporté ce butin à Ginir et l'avons dilapidé. »

« La deuxième fois, nous n'avons pas eu autant de chance. Juste après notre capture, nous avons été attaqués par les lanciers d'un chef indigène à qui les caravanes payaient leur protection. Nos deux chefs ont été tués, et le reste d'entre nous a été emmené à Damas, où nous avons été dépouillés de nos vêtements et vendus comme esclaves. »

« J'ai été acheté pour deux pièces d'argent par un chef syrien du désert. Avec mes cheveux rasés et seulement un pagne à porter, je n'étais pas si différent des autres esclaves. Étant un jeune téméraire, je pensais qu'il s'agissait simplement d'une aventure jusqu'à ce que mon maître m'emmène devant ses quatre femmes et leur dise qu'elles pouvaient m'avoir comme eunuque.

C'est alors, en effet, que je me suis rendu compte du caractère désespéré de ma situation. Ces hommes du désert étaient féroces et belliqueux. J'étais soumis à leur volonté, sans armes ni moyens de fuite. »

« Craintif, je me tenais debout, tandis que ces quatre femmes me regardaient. Je me demandais si je pouvais espérer de la pitié de leur part. Sira, la première épouse, était plus âgée que les autres. Son visage était impassible tandis qu'elle me regardait. Je me suis détourné d'elle sans grande consolation. La suivante était une beauté méprisante qui me regardait avec autant d'indifférence que si j'avais été un ver de terre. Les deux plus jeunes titraient comme si tout cela n'était qu'une plaisanterie excitante. »

Il m'a semblé une éternité à attendre la sentence. Chaque femme paraissait disposée à ce que les autres décident. Finalement, Sira prit la parole d'une voix froide.

« D'eunuques, nous en avons beaucoup, mais de chameliers, nous en avons peu et ils sont sans valeur.

Même aujourd'hui, je rendrais visite à ma mère qui est malade de la fièvre et il n'y a aucun esclave à qui je ferais confiance pour conduire mon chameau. Demande à cet esclave s'il peut conduire un chameau'. « Mon maître m'a alors interrogé : « Que sais-tu des chameaux ?

« M'efforçant de dissimuler mon empressement, je répondis : 'Je peux les faire s'agenouiller, je peux les charger, je peux les mener sur de longs trajets sans me fatiguer. Si besoin est, je peux réparer leurs attelages.'

« L'esclave parle assez franchement, observa mon maître. Si tu le désires, Sira, prends cet homme pour ton chamelier.

« Je fus donc remis à Sira et ce jour-là, je conduisis son chameau pour un long voyage vers sa mère malade. J'en profitai pour la remercier pour son intercession et aussi pour lui dire que je n'étais pas un esclave de naissance, mais le fils d'un homme libre, un honorable sellier de Babylone. Je lui ai également raconté une grande partie de mon histoire. Ses commentaires m'ont déconcerté et j'ai beaucoup réfléchi par la suite à ce qu'elle avait dit.

« Comment peux-tu te dire un homme libre alors que ta faiblesse t'a conduit à cela ? Si un homme a en lui l'âme d'un esclave, ne le deviendra-t-il pas quelle que soit sa naissance, de même que l'eau cherche son niveau ? Si un homme à en lui l'âme d'un homme libre, ne deviendra-t-il pas respecté et honoré dans sa propre ville en dépit de son malheur ?

« Pendant plus d'un an, j'ai été esclave et j'ai vécu avec les esclaves, mais je ne pouvais pas devenir comme l'un d'entre eux.

Un jour, Sira m'a demandé : « Au moment où les autres esclaves peuvent se mélanger et profiter de la société les uns des autres, pourquoi restes-tu assis seul dans ta tente ? »

« Ce à quoi j'ai répondu : « Je réfléchis à ce que vous m'avez dit. Je me demande si j'ai l'âme d'un esclave. Je ne peux pas me joindre à eux, je dois donc m'asseoir à l'écart.'

« Moi aussi, je dois m'asseoir à l'écart », a-t-elle confié. « Ma dot était importante et mon seigneur m'a épousée pour cette raison. Pourtant, il ne me désire pas. Ce que toute femme désire ardemment, c'est d'être désirée. À cause de cela et parce que je suis stérile et que je n'ai ni fils ni fille, je dois m'asseoir à l'écart. Si j'étais un homme, je préférerais mourir plutôt que d'être une telle esclave, mais les conventions de notre tribu font des femmes des esclaves. »

« Que penses-tu de moi à cette heure ? » lui demandai-je soudain, « Ai-je l'âme d'un homme ou l'âme d'une esclave ? »

« Avez-vous le désir de rembourser les justes dettes que vous avez contractées à Babylone ? », a-t-elle répliqué. « Oui, j'en ai le désir, mais je n'en vois pas le moyen ».

« Si tu laisses tranquillement passer les années et ne fais aucun effort pour rembourser, alors tu n'as que l'âme méprisable d'un esclave. Aucun homme n'est autrement qui ne peut se respecter lui-même et aucun homme ne peut se respecter lui-même qui ne rembourse pas des dettes honnêtes ».

« Mais que puis-je faire, moi qui suis un esclave en Syrie ?

« Reste un esclave en Syrie, toi le faible.

« Je ne suis pas une mauviette », ai-je nié avec force.

« Alors, prouvez-le.

« Comment ?

« Ton grand roi ne combat-il pas ses ennemis de toutes les manières possibles et avec toutes les forces dont il dispose ? Tes dettes sont tes ennemis. Ils t'ont chassé de Babylone. Tu les as laissés seuls et ils sont devenus trop forts pour toi. Si tu les avais combattus comme un homme, tu aurais pu les vaincre et être honoré parmi les habitants de la ville. Mais tu n'as pas eu l'âme de les combattre et voilà que ton orgueil a baissé jusqu'à ce que tu sois un esclave en Syrie'.

« J'ai beaucoup réfléchi à ses accusations désobligeantes et j'ai formulé de nombreuses phrases défensives pour prouver que je n'étais pas un esclave dans l'âme, mais je ne devais pas avoir l'occasion de les utiliser. Trois jours plus tard, la servante de Sira m'emmena chez sa maîtresse. « Ma mère est à nouveau très malade, » dit-elle. Selle les deux meilleurs chameaux du troupeau de mon mari. Attache des peaux d'eau et des sacoches pour un long voyage. La servante te donnera à manger à la tente-cuisine.' Je chargeai les chameaux en m'étonnant de la quantité de provisions fournies par la servante, car la mère habitait à moins d'un jour de voyage. La servante monta le chameau arrière qui suivit et je conduisis le chameau de ma maîtresse. Lorsque nous avons atteint la maison de sa mère, il faisait tout juste nuit. Sira congédia la servante et me dit :

« Dabasir, as-tu l'âme d'un homme libre ou l'âme d'un esclave ?

« L'âme d'un homme libre », ai-je insisté.

« C'est maintenant ta chance de le prouver. Ton maître s'est profondément imbibé et ses chefs sont dans la stupeur.

Prends donc ces chameaux et fuis. Dans ce sac se trouve un vêtement de ton maître pour te déguiser. Je dirai que tu as volé les chameaux et que tu t'es enfui pendant que je rendais visite à ma mère malade'.

« Tu as l'âme d'une reine », lui ai-je dit. Je souhaite vivement pouvoir te conduire au bonheur.

« Le bonheur, répondit-elle, n'attend pas l'épouse en fuite qui le cherche dans des pays lointains parmi des peuples étrangers. Va de ton côté et que les dieux du désert te protègent, car la route est longue et dénuée de nourriture ou d'eau ».

« Je n'avais pas besoin d'être poussé davantage, mais je l'ai remerciée chaleureusement et je suis parti dans la nuit. Je ne connaissais pas ce pays étrange et n'avais qu'une vague idée de la direction dans laquelle se trouvait Babylone, mais j'ai traversé courageusement le désert en direction des collines. Je montais un chameau et je conduisais l'autre. J'ai voyagé toute cette nuit-là et tout le jour suivant, poussé par la connaissance du terrible sort réservé aux esclaves qui volaient les biens de leur maître et tentaient de s'échapper.

« En fin d'après-midi, j'ai atteint un pays rude aussi inhabitable que le désert. Les pierres acérées meurtrissaient les pieds de mes fidèles chameaux et bientôt, ils se frayaient un chemin lentement et péniblement.

Je n'ai rencontré ni homme ni bête et je pouvais bien comprendre pourquoi ils fuyaient cette terre inhospitalière.

« À partir de ce moment-là, ce fut un tel voyage que peu d'hommes vivent pour le raconter. Jour après jour, nous avançons péniblement.

La nourriture et l'eau se sont épuisées. La chaleur du soleil était sans pitié. À la fin du neuvième jour, j'ai glissé de l'arrière de ma monture avec le sentiment que j'étais trop faible pour remonter et que j'allais sûrement mourir, perdu dans ce pays abandonné.

« Je m'étendis sur le sol et dormis, ne me réveillant qu'aux premières lueurs du jour. « Je me suis assis et j'ai regardé autour de moi. Il y avait une fraîcheur dans l'air du matin. Mes chameaux gisaient abattus non loin de là. Autour de moi, il y avait un vaste désert de terres brisées, couvertes de rochers, de sable et d'épineux, aucun signe d'eau, rien à manger pour l'homme ou le chameau.

« Se pourrait-il que dans ce calme paisible, j'aie affronté ma fin ? Mon esprit était plus clair qu'il ne l'avait jamais été auparavant. Mon corps semblait maintenant de peu d'importance. Mes lèvres desséchées et saignantes, ma langue sèche et enflée, mon estomac vide, tous avaient perdu leurs agonies suprêmes de la veille.

« J'ai regardé dans le lointain, peu engageant et une fois de plus m'est venue la question suivante : « Ai-je l'âme d'un esclave ou l'âme d'un homme libre ? ». Puis, avec lucidité, j'ai réalisé que si j'avais l'âme d'un esclave, je devais abandonner, me coucher dans le désert et mourir, une fin appropriée pour un esclave en fuite.

« Mais si j'avais l'âme d'un homme libre, que se passerait-il alors ? Je reviendrais sûrement de force à Babylone, je rembourserais les gens qui m'avaient fait confiance, j'apporterais le bonheur à ma femme qui m'aimait vraiment et j'apporterais la paix et le contentement à mes parents. « Tes dettes sont celles de tes ennemis qui t'ont chassé de Babylone », avait dit Sira. Oui, c'était vrai.

Pourquoi avais-je refusé de me défendre comme un homme ? Pourquoi avais-je permis à ma femme de retourner chez son père ?

« Une chose étrange se produisit alors. Le monde entier semblait être d'une couleur différente, comme si je l'avais regardé à travers une pierre colorée qui avait soudainement été retirée. J'ai enfin vu les vraies valeurs de la vie.

« Meurs dans le désert ! Pas moi ! Avec une nouvelle vision, j'ai vu les choses que je dois faire. D'abord, je devais retourner à Babylone et faire face à chaque homme à qui je devais une dette impayée. Je devrais leur dire qu'après des années d'errance et de malheur, j'étais revenu pour payer mes dettes aussi vite que les dieux le permettaient. Ensuite, je devrais fonder un foyer pour ma femme et devenir un citoyen dont mes parents pourraient être fiers.

« Mes dettes étaient mes ennemis, mais les hommes que je devais étaient mes amis, car ils m'avaient fait confiance et avaient cru en moi.

« Je me suis levé en titubant. Qu'importait la faim ? Qu'importait la soif ? Ce n'étaient que des incidents sur la route de Babylone. En moi surgissait l'âme d'un homme libre qui repart pour conquérir ses ennemis et récompenser ses amis. J'ai vibré à la grande résolution.

« Les yeux vitreux de mes chameaux s'illuminèrent à la nouvelle note de ma voix rauque. Au prix d'un grand effort, après de nombreuses tentatives, ils ont repris pied. Avec une persévérance pitoyable, ils ont poussé vers le nord où quelque chose en moi disait que nous trouverions Babylone.

« Nous avons trouvé de l'eau. Nous sommes passés dans un pays plus fertile où se trouvaient de l'herbe et des fruits. Nous avons trouvé le chemin de Babylone, car l'âme d'un homme libre regarde la vie comme une série de problèmes à résoudre et les résout, tandis que l'âme d'un esclave se lamente : 'Que puis-je faire, moi qui ne suis qu'un esclave ?'.

« Et toi, Tarkad ? Est-ce que ton estomac vide rend ta tête extrêmement claire ? Es-tu prêt à prendre la route qui mène au respect de soi ? Es-tu capable de voir le monde sous sa vraie couleur ? As-tu le désir de payer tes honnêtes dettes, aussi nombreuses soient-elles, et d'être à nouveau un homme respecté à Babylone ? »

De l'humidité vint aux yeux du jeune homme. Il se leva avec empressement sur ses genoux. « Tu m'as montré une vision ; déjà je sens l'âme d'un homme libre surgir en moi. » « Mais comment vous êtes-vous débrouillé à votre retour ? » interrogea un auditeur intéressé.

« Là où se trouve la détermination, le chemin peut être trouvé » répondit Dabasir. « J'avais maintenant la détermination et j'ai donc entrepris de trouver un moyen. Tout d'abord, j'ai rendu visite à chaque homme envers qui j'étais redevable et j'ai supplié son indulgence jusqu'à ce que je puisse gagner de quoi rembourser. La plupart d'entre eux m'ont accueilli avec plaisir. Plusieurs m'ont injurié, mais d'autres ont proposé de m'aider ; l'un d'entre eux m'a même donné l'aide dont j'avais besoin. Il s'agissait de Mathon, le prêteur d'or. Apprenant que j'avais été chamelier en Syrie, il m'envoya au vieux Nebatur, le marchand de chameaux, que notre bon roi venait de charger d'acheter de nombreux troupeaux de chameaux sains pour la grande expédition. Avec lui, j'ai mis à profit ma connaissance des chameaux. Petit à petit, j'ai pu rembourser chaque cuivre et chaque pièce d'argent. Et enfin, je pouvais relever la tête et sentir que j'étais un homme honorable parmi les hommes. »

De nouveau, Dabasir se tourna vers sa nourriture. « Kauskor, espèce d'escargot », cria-t-il bruyamment pour être entendu dans la cuisine, «la nourriture est froide. Apporte-moi plus de viande fraîche du rôti. Apporte aussi une très grosse portion pour Tarkad, le fils de mon vieil ami, qui a faim et qui mangera avec moi. »

Ainsi se termine l'histoire de Dabasir, le marchand de chameaux de l'ancienne Babylone. Il a trouvé sa propre âme lorsqu'il a réalisé une grande vérité, une vérité qui avait été connue et utilisée par des sages bien avant son époque.

Elle a permis à des hommes de tous âges de se sortir de leurs difficultés et de réussir et elle continuera à le faire pour ceux qui ont la sagesse de comprendre son pouvoir magique. Tout homme qui lit ces lignes peut l'utiliser.

LÀ OÙ SE TROUVE LA DÉTERMINATION, LE CHEMIN PEUT ÊTRE TROUVÉ

Les tablettes d'argile de Babylone

St. Swithin's College Université de Nottingham

Newark-on-Trent Nottingham

Professeur Franklin Caldwell,

Soins de l'expédition scientifique britannique,

Hillah, Mésopotamie.

Le 21 octobre 1934.

Mon cher Professeur :
Les cinq tablettes d'argile provenant de vos récentes fouilles dans les ruines de Babylone sont arrivées sur le même bateau que votre lettre. J'ai été fasciné au plus haut point, et j'ai passé de nombreuses heures agréables à traduire leurs inscriptions. J'aurais dû répondre à votre lettre immédiatement, mais j'ai attendu de pouvoir terminer les traductions qui sont jointes.

Les comprimés sont arrivés sans dommage, grâce à votre utilisation prudente des conservateurs et à votre excellent emballage.

Vous serez aussi étonnés que nous, dans le laboratoire, de l'histoire qu'ils racontent. On s'attend à ce que le passé lointain parle de romance et d'aventure. Des choses du genre « Mille et une nuits », vous savez. Lorsqu'au lieu de cela, il révèle le problème d'une personne nommée Dabasir pour payer ses dettes, on se rend compte que les conditions sur ce vieux monde n'ont pas autant changé en cinq mille ans qu'on pourrait le croire.

C'est étrange, vous savez, mais ces vieilles inscriptions me font plutôt « rager », comme disent les étudiants. En tant que professeur d'université, je suis censé être un être humain réfléchi possédant une connaissance pratique de la plupart des sujets.

Pourtant, voici que ce vieil homme, sorti des ruines poussiéreuses de Babylone, me propose un moyen dont je n'avais jamais entendu parler pour rembourser mes dettes et, en même temps, acquérir de l'or à faire tinter dans mon portefeuille.

Une pensée agréable, je dis, et intéressante pour vérifier si elle fonctionnera aussi bien de nos jours que dans l'ancienne Babylone. Mme Shrewsbury et moi-même avons l'intention d'essayer son plan sur nos propres affaires qui pourraient être bien améliorées. En vous souhaitant la meilleure des chances dans votre digne entreprise et en attendant avec impatience une autre occasion de vous aider, je suis

Je vous prie d'agréer, Madame, Monsieur, l'expression de mes sentiments distingués,

Alfred H. Shewsbury,

Département d'archéologie.

Tablette n° I

Maintenant, quand la lune devient pleine, moi, Dabasir, qui suis récemment revenu de l'esclavage en Syrie, avec la détermination de payer mes nombreuses dettes justes et de devenir un homme de moyens digne de respect dans ma ville natale de Babylone, je grave ici sur l'argile un enregistrement permanent de mes affaires pour me guider et m'aider à réaliser mes hauts désirs.

Sous les conseils avisés de mon bon ami Mathon, le prêteur d'or, je suis déterminé à suivre un plan exact qui, selon lui, mènera tout homme honorable de l'endettement aux moyens et au respect de soi.

Ce plan comprend trois objectifs qui sont mon espoir et mon désir.

Premièrement, le plan prévoit ma prospérité future.

Par conséquent, un dixième de tout ce que je gagne sera mis de côté pour être gardé par moi. Car Mathon parle sagement quand il dit :

« L'homme qui garde dans sa bourse l'or et l'argent qu'il n'a pas besoin de dépenser est bon pour sa famille et loyal envers son roi.

« L'homme qui n'a que quelques pièces de monnaie dans sa bourse est indifférent à sa famille et indifférent à son roi.

« Mais l'homme qui n'a rien dans sa bourse est malveillant envers sa famille et déloyal envers son roi, car son propre cœur est amer.

« C'est pourquoi l'homme qui veut réussir doit avoir des pièces de monnaie qui tintent dans sa bourse, qu'il ait dans son cœur l'amour de sa famille et la loyauté envers son roi. »

Deuxièmement, le plan prévoit que je soutiendrai et habillerai ma bonne épouse qui m'est revenue avec fidélité de la maison de son père. Car Mathon dit que prendre soin d'une épouse fidèle met le respect de soi dans le cœur d'un homme et ajoute force et détermination à ses desseins.

Par conséquent, les sept dixièmes de tout ce que je gagne doivent être utilisés pour fournir un foyer, des vêtements à porter et de la nourriture à manger, avec un peu de surplus à dépenser, afin que nos vies ne manquent pas de plaisir et de jouissance. Mais il enjoint en outre le plus grand soin à ce que nous ne dépensions pas plus de sept dixièmes de ce que je gagne à ces fins louables. C'est là que réside le succès de ce plan.

Je dois vivre sur cette portion et ne jamais utiliser plus ni acheter ce que je ne peux pas payer sur cette portion.

Tablette n° II

Troisièmement, le plan prévoit que mes dettes seront payées avec mes gains.

Par conséquent, chaque fois que la lune est pleine, les deux dixièmes de tout ce que j'ai gagné seront divisé honorablement et équitablement entre ceux qui m'ont fait confiance et à qui

Je suis endetté. Ainsi, en temps voulu, toutes mes dettes seront sûrement payées.

Par conséquent, je grave ici le nom de chaque homme à qui je suis redevable et le montant honnête de ma dette.

Fahru, le tisseur de tissu, 2 argent, 6 cuivre.

Sinjar, le fabricant de canapés, 1 argent.

Ahmar, mon ami, 3 argent, 1 cuivre.

Zankar, mon ami, 4 argent, 7 cuivre,

Askamir, mon ami, 1 argent, 3 cuivre.

Harinsir, le bijoutier, 6 argent, 2 cuivre.

Diarbeker, l'ami de mon père, 4 argent, 1 cuivre.

Alkahad, le propriétaire de la maison, 14 argent.

Mathon, le prêteur d'or, 9 d'argent.

Birejik, le fermier, 1 argent, 7 cuivre.

(À partir de maintenant, désintégré. Ne peut être déchiffré.)

Tablette n° III

À ces créanciers, je dois au total cent dix-neuf pièces d'argent et cent quarante et une pièces de cuivre. Parce que je devais ces sommes et que je ne voyais aucun moyen de rembourser, dans ma folie, j'ai permis à ma femme de retourner chez son père et j'ai quitté ma ville natale à la recherche d'une richesse facile ailleurs, pour ne trouver que le désastre et me voir vendu dans la dégradation de l'esclavage.

Maintenant que Mathon me montre comment je peux rembourser mes dettes avec de petites sommes de mes gains, je réalise la grande étendue de ma folie en fuyant les résultats de mes extravagances. J'ai donc rendu visite à mes créanciers et je leur ai expliqué que je n'ai aucune ressource avec laquelle payer, sauf ma capacité à gagner, et que j'ai l'intention d'appliquer deux dixièmes de tout ce que je gagne sur ma dette de manière égale et honnête. Je peux payer ce montant, mais pas plus. Par conséquent, s'ils sont patients, avec le temps, mes obligations seront payées en totalité. Ahmar, que je croyais être mon meilleur ami, m'a amèrement injurié et je l'ai quitté dans l'humiliation.

Birejik, le fermier, a plaidé pour que je le paie en premier, car il avait grandement besoin d'aide. Alkahad, le propriétaire de la maison, était en effet désagréable et insistait pour me causer des ennuis si je ne réglais pas rapidement la totalité de la somme avec lui.

Tous les autres ont accepté ma proposition de bon gré. Je suis donc plus déterminé que jamais à aller jusqu'au bout, étant convaincu qu'il est plus facile de payer ses justes dettes que de les éviter. Même si je ne peux pas répondre aux besoins et aux exigences de quelques-uns de mes créanciers, je traiterai avec impartialité avec tous.

Comprimé n° IV

Encore une fois, la lune brille pleinement. J'ai travaillé dur avec un esprit libre. Ma bonne épouse a soutenu mes intentions de payer mes créanciers. Grâce à notre sage détermination, j'ai gagné au cours de la dernière lune, en achetant des chameaux de bon vent et de bonnes jambes, pour Nebatur, la somme de dix-neuf pièces d'argent.

Je l'ai partagé selon le plan. Un dixième que j'ai mis de côté pour le garder en propre, sept dixièmes que j'ai partagés avec ma bonne épouse pour payer notre vie. Deux dixièmes ont été répartis entre mes créanciers aussi équitablement qu'il était possible de le faire avec des pièces de monnaie.

Je n'ai pas vu Ahmar mais l'ai laissé à sa femme. Birejik était si content qu'il me baisait la main. Seul le vieil Alkahad était grognon et disait que je devais payer plus vite. Ce à quoi j'ai répondu que si on me permettait d'être bien nourri et de ne pas m'inquiéter, cela seul me permettrait de payer plus vite. Tous les autres m'ont remercié et ont dit du bien de mes efforts.

Ainsi, à la fin d'une lune, mon endettement est réduit de près de quatre pièces d'argent et je possède en plus près de deux pièces d'argent sur lesquelles personne n'a de droit. Mon cœur est plus léger qu'il ne l'a été depuis longtemps.

De nouveau, la lune brille pleinement. J'ai travaillé dur, mais sans grand succès. J'ai pu acheter peu de chameaux. Je n'ai gagné que onze pièces d'argent. Néanmoins, ma bonne épouse et moi avons respecté le plan, même si nous n'avons pas acheté de nouveaux vêtements et si nous n'avons mangé que des herbes.

Encore une fois, je nous ai payé un dixième des onze pièces, alors que nous vivions avec sept dixièmes. J'ai été surpris quand Ahmar a loué mon paiement, même s'il était petit. Birejik en fit autant. Alkahad se mit en colère, mais quand on lui dit de rendre sa part s'il ne le souhaitait pas, il se réconcilia. Les autres, comme auparavant, se sont contentés. Encore une fois, la lune brille pleinement et je m'en réjouis grandement. J'ai intercepté un beau troupeau de chameaux et j'ai acheté beaucoup de chameaux sains, mes gains ont donc été de quarante-deux pièces d'argent. Cette lune, ma femme et moi avons acheté des sandales et des vêtements dont nous avions grand besoin. Nous avons également bien dîné de viande et de volaille.

Nous avons payé plus de huit pièces d'argent à nos créanciers. Même Alkahad n'a pas protesté.

Grand est le plan, car il nous conduit hors des dettes et nous donne la richesse qui nous appartient.

Trois fois la lune avait été pleine depuis que j'avais sculpté sur cette argile. Chaque fois, je me suis acquitté d'un dixième de tout ce que j'ai gagné. Chaque fois, ma bonne épouse et moi avons vécu avec sept dixièmes, même si c'était parfois difficile. Chaque fois, j'ai payé à mes créanciers deux dixièmes.

Dans ma bourse, j'ai maintenant vingt et une pièces d'argent qui sont à moi. Cela me permet d'avoir la tête droite sur les épaules et je suis fier de marcher parmi mes amis. Ma femme garde bien notre maison et est élégamment vêtue. Nous sommes heureux de vivre ensemble.

Ce plan est d'une valeur inestimable. N'a-t-il pas fait d'un ex-esclave un homme honorable ?

Tablette n° V

De nouveau, la lune brille pleinement et je me souviens que cela fait longtemps que je n'ai pas sculpté sur l'argile. En vérité, douze lunes se sont écoulées. Mais aujourd'hui, je ne négligerai pas mon dossier, car en ce jour, j'ai payé la dernière de mes dettes.

C'est le jour où ma bonne épouse et mon moi reconnaissant célèbrent avec un grand festin que notre détermination a été atteinte.

Lors de ma dernière visite à mes créanciers, il s'est passé beaucoup de choses dont je me souviendrai longtemps. Ahmar m'a demandé pardon pour ses paroles désobligeantes et a dit que j'étais celui de tous les autres qu'il désirait le plus comme ami.

Le vieil Alkahad n'est pas si mauvais après tout, car il a dit : « Tu étais autrefois un morceau d'argile molle qui pouvait être pressé et moulé par toute main qui te touchait, mais maintenant, tu es un morceau de bronze capable de tenir un bord. Si tu as besoin d'argent ou d'or à tout moment, viens me voir. »

Il n'est pas non plus le seul à me tenir en haute estime. Beaucoup d'autres me parlent avec déférence.

Ma bonne épouse me regarde avec une lumière dans les yeux qui fait qu'un homme a confiance en lui.

Pourtant, c'est le plan qui a fait mon succès. Il m'a permis de payer toutes mes dettes et de faire tinter l'or et l'argent dans ma bourse. Je le recommande à tous ceux qui souhaitent aller de l'avant. Car en vérité, si elle permet à un ex-esclave de payer ses dettes et d'avoir de l'or dans sa bourse, n'aidera-t-elle pas n'importe quel homme à trouver son indépendance ? Et moi-même, je n'en ai pas fini avec cette méthode, car je suis convaincu que si je la poursuis, elle me rendra riche parmi les hommes.

Collège St. Swithin

Université de Nottingham

Newark-on-Trent

Nottingham

Professeur Franklin Caldwell,

Soins de l'expédition scientifique britannique,

Hillah, Mésopotamie.

Le 7 novembre 1936.

Mon cher professeur :

Si, en poursuivant vos fouilles dans ces ruines de Babylone, vous rencontrez le fantôme d'un ancien résident, un vieux marchand de chameaux nommé Dabasir, faites-moi une faveur. Dites-lui que le fait qu'il ait griffonné sur ces tablettes d'argile, il y a si longtemps, lui a valu la gratitude à vie d'un couple d'universitaires, ici en Angleterre. Vous vous souviendrez peut-être que j'ai écrit, il y a un an, que Mme Shrewsbury et moi-même avions l'intention d'essayer son plan pour sortir de l'endettement et avoir en même temps de l'or à faire tinter. Vous avez peut-être deviné, même si nous avons essayé de le cacher à nos amis, notre situation désespérée.

Nous avons été terriblement humiliés pendant des années par de nombreuses vieilles dettes et nous nous sommes faits un sang d'encre de peur que certains des commerçants ne déclenchent un scandale qui me forcerait à quitter le collège. Nous avons payé et payé — chaque shilling que nous pouvions extraire de nos revenus — mais c'était à peine suffisant pour maintenir l'équilibre. De plus, nous étions obligés de faire tous nos achats là où nous pouvions obtenir un crédit supplémentaire malgré des coûts plus élevés.

Cela s'est transformé en un de ces cercles vicieux qui s'aggravent au lieu de s'améliorer. Nos luttes devenaient désespérées. Nous ne pouvions pas déménager dans des chambres moins coûteuses, car nous avions une dette envers le propriétaire. Il ne semblait pas y avoir quoi que ce soit que nous puissions faire pour améliorer notre situation.

Puis, voici qu'arrive votre connaissance, le vieux marchand de chameaux de Babylone, avec un plan pour faire exactement ce que nous voulions accomplir. Il nous a incités à suivre son système. Nous avons dressé une liste de toutes nos dettes et je l'ai fait circuler pour la montrer à tous ceux à qui nous devions quelque chose.

J'ai expliqué qu'il était tout simplement impossible pour moi de les payer un jour au rythme où allaient les choses. Ils pouvaient facilement s'en rendre compte eux-mêmes en consultant les chiffres. J'ai ensuite expliqué que le seul moyen que je voyais de les payer intégralement était de mettre de côté vingt pour cent de mon revenu chaque mois, à répartir au prorata, ce qui les paierait intégralement dans un peu plus de deux ans. Entre-temps, nous passerions à la caisse et leur donnerions l'avantage supplémentaire de nos achats au comptant.

Ils étaient vraiment très corrects. Notre marchand de légumes, un vieux sage, l'a formulé d'une manière qui a aidé à comprendre le reste. « Si vous payez tout ce que vous achetez et que vous en payez une partie sur ce que vous devez, c'est mieux que ce que vous avez fait, car vous n'avez rien remboursé en trois ans. » Finalement, j'ai fait signer à tous leurs noms un accord les engageant à ne pas nous molester tant que les vingt pour cent du revenu étaient payés régulièrement. Puis, nous avons commencé à imaginer comment vivre avec soixante-dix pour cent. Nous étions déterminés à garder ces dix pour cent supplémentaires. La pensée de l'argent et éventuellement de l'or était des plus séduisantes.

C'était comme vivre une aventure pour faire ce changement. Nous nous sommes amusés à trouver des solutions de toutes sortes pour vivre confortablement avec les soixante-dix pour cent restants. Nous avons commencé par le loyer et avons réussi à obtenir une réduction équitable. Ensuite, nous avons mis en doute nos marques préférées de thé et autres et avons été agréablement surpris de constater que nous pouvions souvent acheter des qualités supérieures à moindre coût.

C'est une histoire trop longue pour une lettre, mais de toute façon, cela ne s'est pas avéré difficile. Nous nous sommes débrouillés et de bonne grâce. Quel soulagement d'avoir nos affaires dans une telle forme que nous n'étions plus persécutés par des comptes en souffrance. Je ne dois pas négliger, cependant, de vous parler de ces dix pour cent supplémentaires. Eh bien, nous les avons jonglés pendant un certain temps. Maintenant, ne riez pas trop vite. Vous voyez, c'est la partie sportive. C'est le vrai plaisir, de commencer à accumuler de l'argent que vous ne voulez pas dépenser.

Il y a plus de plaisir à accumuler un tel excédent qu'il n'y en aurait à le dépenser.

Nous avons pris un investissement sur lequel nous pouvions payer ces dix pour cent chaque mois. Cela s'avère être la partie la plus satisfaisante de notre régénération. C'est la première chose que nous payons à partir de mon chèque.

Il y a un sentiment de sécurité très gratifiant, à savoir que notre investissement augmente régulièrement. Lorsque mes jours d'enseignement seront terminés, il devrait s'agir d'une somme rondelette, suffisamment importante pour que le revenu prenne soin de nous à partir de ce moment-là. Tout cela à partir de mon même vieux chèque. Difficile à croire, et pourtant absolument vrai. Toutes nos dettes sont progressivement payées et, en même temps, nos investissements augmentent. En outre, nous nous en sortons, financièrement, encore mieux qu'avant. Qui pourrait croire qu'il puisse y avoir une telle différence de résultats entre suivre un plan financier et se contenter de dériver.

À la fin de l'année prochaine, lorsque toutes nos anciennes factures auront été payées, nous aurons plus à payer sur notre investissement, en plus d'un peu plus pour voyager. Nous sommes déterminés à ne plus jamais permettre à nos frais de subsistance de dépasser soixante-dix pour cent de nos revenus. Vous comprenez maintenant pourquoi nous tenons à remercier personnellement ce vieil homme dont le plan nous a sauvés de notre « enfer sur terre ».

Il savait. Il avait traversé tout cela. Il voulait que les autres bénéficient de ses propres expériences amères. C'est pourquoi il a passé des heures fastidieuses à graver son message sur l'argile. Il avait un vrai message pour ses compagnons d'infortune, un message si important qu'après cinq mille ans, il a surgi des ruines de Babylone, tout aussi vrai et tout aussi vital que le jour où il a été enterré.

Je vous prie d'agréer, Madame, Monsieur, l'expression de mes sentiments distingués,

Alfred H. Shrewsbury,

Département d'archéologie.

L'homme le plus chanceux de Babylone

À la tête de sa caravane, chevauchait fièrement Sharru Nada, le prince marchand de Babylone. Il aimait les tissus fins et portait des robes riches et seyantes. Il aimait les beaux animaux et s'asseyait facilement sur son étalon arabe fougueux. En le regardant, on aurait difficilement deviné son âge avancé. On n'aurait certainement pas soupçonné qu'il était intérieurement troublé.

Le voyage depuis Damas est long et les difficultés du désert nombreuses. Il ne s'est pas soucié de cela.

Les tribus arabes sont féroces et avides de piller les riches caravanes. Il ne les craint pas, car ses nombreux gardes montés de la flotte constituent une protection sûre.

Il était troublé par le jeune homme à ses côtés, qu'il ramenait de Damas. Il s'agissait de Hadan Gula, le petit-fils de son partenaire d'autres années, Arad Gula, envers qui il avait le sentiment d'avoir une dette de gratitude qui ne pourrait jamais être remboursée. Il aimerait faire quelque chose pour ce petit-fils, mais plus il y pensait, plus cela semblait difficile à cause du jeune lui-même. En regardant les bagues et les boucles d'oreilles du jeune homme, il se dit : « Il pense que les bijoux sont pour les hommes, et pourtant il a le visage fort de son grand-père. Mais son grand-père ne portait pas de robes aussi voyantes. Pourtant, j'ai cherché à le faire venir, espérant pouvoir l'aider à prendre un nouveau départ et à s'éloigner du naufrage que son père a fait de leur héritage. »

Hadan Gula l'a interrompu dans ses pensées : « Pourquoi travailles-tu si dur, accompagnant toujours ta caravane dans ses longs voyages ? Ne prends-tu jamais le temps de profiter de la vie ? »

Sharru Nada a souri. « Pour profiter de la vie ? », répéta-t-il. « Que ferais-tu pour profiter de la vie si tu étais Sharru Nada ? »

« Si j'avais une richesse égale à la tienne, je vivrais comme un prince. Jamais je ne traverserai le désert brûlant à cheval. Je dépenserai les shekels aussi vite qu'ils arrivent dans ma bourse. Je porterais la plus riche des robes et le plus rare des bijoux. Ce serait une vie à mon goût, une vie digne d'être vécue. » Les deux hommes se mirent à rire.

« Ton grand-père ne portait pas de bijoux. » Sharru Nada a parlé avant de réfléchir, puis a poursuivi en plaisantant : « Ne laisserais-tu pas de temps pour travailler ? »

« Le travail a été fait pour les esclaves », a répondu Hadan Gula.

Sharra Nada s'est mordu la lèvre, mais n'a pas répondu, chevauchant en silence jusqu'à ce que le sentier les mène à la pente.

Là, il fit redescendre sa monture et, montrant du doigt la vallée verte au loin, « Vois, c'est la vallée. Regarde au loin et tu pourras apercevoir faiblement les murs de Babylone. La tour est le temple de Bel. Si tes yeux sont aiguisés, tu pourras même voir la fumée du feu éternel sur sa crête. »

« C'est donc ça Babylone ? J'ai toujours eu envie de voir la ville la plus riche du monde », commente Hadan Gula. « Babylone, où mon grand-père a commencé sa fortune. S'il était encore en vie. Nous ne serions pas si malmenés. »

« Pourquoi souhaiter que son esprit s'attarde sur terre au-delà du temps qui lui est imparti ? Toi et ton père pouvez très bien continuer son bon travail. »

« Hélas, de nous deux, aucun n'a son don. Père et moi ne connaissons pas son secret pour attirer les shekels d'or. »

Sharru Nada ne répondit pas, mais donna les rênes à sa monture et descendit pensivement la piste vers la vallée. Derrière eux, la caravane suivait dans un nuage de poussière rougeâtre. Quelque temps plus tard, ils atteignirent la route des Rois et tournèrent vers le sud à travers les fermes irriguées.

Trois vieux hommes labourant un champ ont attiré l'attention de Sharru Nada. Ils semblaient étrangement familiers.

Comme c'est ridicule ! On ne passe pas devant un champ après quarante ans pour y trouver les mêmes hommes en train de labourer. Pourtant, quelque chose en lui disait qu'ils étaient les mêmes. L'un d'eux, avec une poigne incertaine, tenait la charrue. Les autres avançaient laborieusement à côté des bœufs, les frappant inefficacement avec leurs bâtons pour qu'ils tirent.

Il y a quarante ans, il avait envié ces hommes ! Comme il aurait volontiers échangé leurs places ! Mais quelle différence maintenant. Avec fierté, il regardait sa caravane qui suivait, des chameaux et des ânes bien choisis, chargés de biens précieux en provenance de Damas. Tout cela n'était qu'une de ses possessions. Il désigna les laboureurs en disant : « Ils labourent toujours le même champ où ils étaient il y a quarante ans. »

« Ils en ont l'air, mais pourquoi penses-tu qu'ils sont identiques ? »

« Je les ai vus là-bas », a répondu Sharru Nada. Les souvenirs se bousculaient rapidement dans son esprit.

Pourquoi ne pouvait-il pas enterrer le passé et vivre dans le présent ? Puis, il vit, comme dans une image, le visage souriant d'Arad Gula. La barrière entre lui et le jeune cynique à côté de lui s'est dissoute.

Mais comment pourrait-il aider un jeune si supérieur avec ses idées dépensières et ses mains ornées de bijoux ?

Un travail qu'il pouvait offrir en abondance aux travailleurs volontaires, mais rien pour les hommes qui se considéraient trop bons pour le travail. Pourtant, il devait à Arad Gula de faire quelque chose, et pas une tentative en demi-teinte. Lui et Arad Gula n'avaient jamais fait les choses de cette façon. Ils n'étaient pas ce genre d'hommes.

Un plan est venu presque en un éclair. Il y avait des objections. Il devait tenir compte de sa propre famille et de sa propre position. Ce serait cruel ; cela ferait mal. Étant un homme aux décisions rapides, il a écarté les objections et a décidé d'agir.

« Serais-tu intéressé d'entendre comment ton digne grand-père et moi-même nous sommes associés dans ce partenariat qui s'est avéré si rentable ? », a-t-il interrogé. « Pourquoi ne pas simplement me dire comment tu as gagné les shekels d'or ? C'est tout ce que j'ai besoin de savoir », répliqua le jeune homme.

Sharru Nada a ignoré la réponse et a continué : « Nous commençons par ces hommes qui labourent. Je n'étais pas plus vieux que toi. Alors que la colonne d'hommes dans laquelle je marchais s'approchait, le bon vieux Megiddo, le fermier, se moquait de la façon peu rigoureuse dont ils labouraient. Megiddo était enchaîné à côté de moi. Regardez ces paresseux », protestait-il, « le porteur de la charrue ne fait aucun effort pour labourer en profondeur, et les batteurs ne maintiennent pas les bœufs dans le sillon. Comment peuvent-ils espérer obtenir une bonne récolte avec un mauvais labourage ? »

« As-tu dit que Megiddo était enchaîné à toi ? », demanda Hadan Gula, surpris. « Oui, avec des colliers de bronze autour de nos cous et une longueur de lourde chaîne entre nous. À côté de lui se trouvait Zabado, le voleur de moutons. Je l'avais connu à Harroun. Au bout se trouvait un homme que nous avons appelé Pirate, car il ne nous a pas dit son nom. Nous le considérions comme un marin, car il avait des serpents entrelacés tatoués sur sa poitrine à la manière des marins. La colonne était constituée ainsi pour que les hommes puissent marcher à quatre. »

« Tu étais enchaîné comme un esclave ? » demanda Hadan Gula avec incrédulité.

« Ton grand-père ne t'a-t-il pas dit que j'étais autrefois un esclave ? »

« Il a souvent parlé de toi, mais n'a jamais fait allusion à cela. »

« C'était un homme à qui tu pouvais confier tes secrets les plus intimes. Toi aussi, tu es un homme en qui je peux avoir confiance, n'est-ce pas ? » Sharru Nada l'a regardé droit dans les yeux. « Tu peux compter sur mon silence, mais je suis étonné. Dis-moi comment tu es devenu un esclave ? »

Sharru Nada a haussé les épaules, « Tout homme peut se retrouver esclave. C'est une maison de jeu et de la bière d'orge qui m'ont apporté le désastre. J'ai été la victime des indiscrétions de mon frère. Dans une rixe, il a tué son ami. J'ai été lié à la veuve, désireux d'éviter à mon frère d'être poursuivi par la justice. Lorsque mon père n'a pas pu réunir l'argent nécessaire pour me libérer, elle m'a, par colère, vendu au marchand d'esclaves. »

« Quelle honte et quelle injustice !», protesta Hadan Gula. « Mais dis-moi, comment as-tu retrouvé ta liberté ? »

« Nous y viendrons, mais pas encore. Poursuivons mon récit. Sur notre passage, les laboureurs se moquaient de nous. L'un d'eux a ôté son chapeau en loques et s'est incliné bien bas en criant : « Bienvenue à Babylone, invités du roi. Il vous attend sur les murs de la ville où le banquet est répandu, briques de boue et soupe à l'oignon ». Sur ce, ils se mirent à rire aux éclats.

« Le pirate se mit en rage et les maudit vertement. 'Qu'est-ce que ces hommes veulent dire par le Roi qui nous attend sur les murs ?' Je lui ai demandé.

« Vers les murs de la ville, vous marchez pour porter des briques jusqu'à ce que le dos se brise. Peut-être qu'ils te battront à mort avant qu'il ne se brise. Ils ne me battront pas. Je les tuerai.

« Alors Megiddo a pris la parole : « Cela n'a aucun sens pour moi de parler de maîtres battant à mort des esclaves volontaires et travailleurs. Les maîtres aiment les bons esclaves et les traitent bien. »

« Qui veut travailler dur ? », a commenté Zabado. Ces laboureurs sont de sages compagnons. Ils ne se cassent pas le dos. Ils font juste comme si c'était le cas.' « Tu ne peux pas avancer en te défilant, » protesta Megiddo. Si tu laboures un hectare, c'est une bonne journée de travail et tout maître le sait. Mais si tu n'en laboures que la moitié, c'est de l'esquive. Je ne me dérobe pas. J'aime travailler et j'aime faire du bon travail, car le travail est le meilleur ami que j'aie jamais connu. Il m'a apporté toutes les bonnes choses que j'ai eues, ma ferme, mes vaches, mes récoltes, tout."

« Oui, et où sont ces choses maintenant ? », se moque Zabado. Je me dis qu'il est plus payant d'être intelligent et de se débrouiller sans travailler. Tu verras Zabado, si nous sommes vendus aux murs, il portera le sac d'eau ou un autre travail facile, quand toi, qui aimes travailler, tu te casseras le dos à porter des briques. Il a ri de son rire idiot.

« La terreur m'a saisi cette nuit-là. Je ne pouvais pas dormir. Je me tenais près de la corde de garde, et quand les autres dormaient, j'attirais l'attention de Godoso qui faisait le premier tour de garde. C'était un de ces Arabes brigands, le genre de voyou qui, s'il te vole ta bourse, pense qu'il doit aussi te couper la gorge.

« Dis-moi, Godoso, » ai-je murmuré, « quand nous arriverons à Babylone, serons-nous vendus aux murs ? ».

« Pourquoi voulez-vous savoir ? », a-t-il demandé prudemment.

« Ne peux-tu pas comprendre ? J'ai plaidé. Je suis jeune. Je veux vivre. Je ne veux pas être travaillé ou battu à mort sur les murs. Y a-t-il une chance pour moi d'avoir un bon maître ?'

« Il m'a répondu en chuchotant : 'Je dis quelque chose. Toi, bon garçon, ne donne pas d'ennuis à Godoso. La plupart du temps, nous allons d'abord au marché aux esclaves. Écoute bien. Quand les acheteurs arrivent, dis-leur que tu es un bon travailleur, que tu aimes travailler dur pour un bon maître. Donne-leur envie d'acheter. Si tu ne les fais pas acheter, le lendemain, tu portes des briques. Travail très dur.

« Après qu'il soit parti, je me suis allongée dans le sable chaud, en regardant les étoiles et en pensant au travail. Ce que Megiddo avait dit à propos du fait que c'était son meilleur ami m'a fait me demander si ce serait le mien. Certainement si cela m'aide à m'en sortir.

« Quand Megiddo s'est réveillé, je lui ai chuchoté ma bonne nouvelle. C'était notre seul rayon d'espoir alors que nous marchions vers Babylone. En fin d'après-midi, nous nous sommes approchés des murs et pouvions voir les lignes d'hommes, telles des fourmis noires, monter et descendre les chemins diagonaux escarpés. En nous rapprochant, nous étions stupéfaits de voir les milliers d'hommes au travail ; certains creusaient dans les douves, d'autres mélangeaient la terre pour en faire des briques de boue. Le plus grand nombre transportait les briques dans de grands paniers sur ces sentiers escarpés jusqu'aux maçons.

« Les surveillants maudissaient les traînards et faisaient claquer le fouet sur le dos de ceux qui ne se tenaient pas en ligne. On voyait les pauvres types épuisés tituber et tomber sous leurs lourds paniers, incapables de se relever. Si le fouet ne parvenait pas à les remettre sur pied, on les poussait sur le côté des chemins et on les laissait se tordre de douleur. Bientôt, ils seraient traînés vers le bas pour rejoindre d'autres corps lâches au bord de la route, en attente de tombes non sanctifiées. En voyant ce spectacle effroyable, j'ai frissonné. C'était donc ce qui attendait le fils de mon père s'il échouait au marché aux esclaves.

*Les célèbres ouvrages de l'ancienne Babylone, ses murs, ses temples, ses jardins suspendus et ses grands canaux, ont été construits par une main-d'œuvre esclave, principalement des prisonniers de guerre, ce qui explique le traitement inhumain qui leur était réservé.

Cette force de travail comprenait également de nombreux citoyens de Babylone et de ses provinces qui avaient été vendus comme esclaves à cause de crimes ou de problèmes financiers. Il était courant pour les hommes de se mettre eux-mêmes, leurs femmes ou leurs enfants en gage pour garantir le paiement de prêts, de jugements légaux ou d'autres obligations. En cas de défaillance, les personnes ainsi cautionnées étaient vendues comme esclaves. « Godoso avait eu raison. On nous a emmenés à travers les portes de la ville jusqu'à la prison des esclaves et le lendemain matin, on nous a fait marcher jusqu'aux enclos du marché. Ici, le reste des hommes se sont blottis dans la peur et seuls les fouets de notre garde pouvaient les faire bouger pour que les acheteurs puissent les examiner. Megiddo et moi-même avons parlé avec empressement à chaque homme qui nous a permis de nous adresser à lui.

« Le marchand d'esclaves a amené des soldats de la Garde du Roi qui ont enchaîné Pirate et l'ont brutalement battu quand il a protesté. Alors qu'ils l'emmenaient, j'ai eu de la peine pour lui.

« Megiddo sentait que nous allions bientôt nous séparer. Lorsque aucun acheteur n'était à proximité, il m'a parlé sérieusement pour me faire comprendre à quel point le travail me serait précieux à l'avenir : 'Certains hommes le détestent. Ils en font leur ennemi. Il vaut mieux le traiter comme un ami, se faire aimer de lui. Ne t'en fais pas parce que c'est difficile. Si tu penses à la bonne maison que tu construis, alors qui se soucie que les poutres soient lourdes et qu'il y ait loin du puits pour transporter l'eau pour le plâtre. Promets-moi, mon garçon, si tu trouves un maître, travaille pour lui aussi dur que tu le peux. S'il n'apprécie pas tout ce que tu fais, tant pis. Souviens-toi que le travail, bien fait, fait du bien à l'homme qui le fait. Il fait de lui un homme meilleur.' Il s'est arrêté alors qu'un fermier costaud est arrivé dans l'enceinte et nous a regardés d'un œil critique.

« Megiddo s'enquit de sa ferme et de ses cultures, le convainquant bientôt qu'il serait un homme de valeur. Après de violents marchandages avec le marchand d'esclaves, le fermier a tiré une grosse bourse de dessous sa robe, et bientôt Megiddo avait suivi son nouveau maître hors de vue.

« Quelques autres hommes ont été vendus au cours de la matinée. À midi, Godoso me confia que le marchand était dégoûté et qu'il ne resterait pas une nuit de plus, mais qu'il emmènerait tous ceux qui restaient au coucher du soleil chez l'acheteur du roi. Je commençais à désespérer lorsqu'un homme gros et bon vivant s'approcha du mur et demanda s'il y avait un boulanger parmi nous.

« Je l'ai approché en disant : « Pourquoi un bon boulanger comme toi chercherait-il un autre boulanger aux méthodes inférieures ? Ne serait-il pas plus facile d'enseigner tes habiletés à un homme volontaire comme moi ? Regarde-moi, je suis jeune, fort et j'aime travailler. Donne-moi une chance et je ferai de mon mieux pour gagner de l'or et de l'argent pour ta bourse. »

« Il a été impressionné par ma volonté et a commencé à négocier avec le marchand qui ne m'avait jamais remarqué depuis qu'il m'avait acheté, mais qui était maintenant éloquent sur mes capacités, ma bonne santé et mon bon caractère. Je me sentais comme un gros bœuf que l'on vend à un boucher. Enfin, à ma grande joie, l'affaire a été conclue. J'ai suivi mon nouveau maître, pensant que j'étais l'homme le plus chanceux de Babylone.

« Ma nouvelle maison était à mon goût. Nana-naid, mon maître, m'a appris à moudre l'orge dans le bol en pierre qui se trouvait dans la cour, à faire le feu dans le four et ensuite à moudre très finement la farine de sésame pour les gâteaux au miel. J'avais un divan dans le hangar où son grain était entreposé. La vieille esclave gouvernante, Swasti, me nourrissait bien et était heureuse de la façon dont je l'aidais dans les tâches lourdes.

« C'était la chance que j'avais tant espérée de me rendre utile à mon maître et, je l'espérais, de trouver un moyen de gagner ma liberté.

« J'ai demandé à Nana-naid de me montrer comment pétrir le pain et le cuire. Il le fit, très satisfait de ma bonne volonté. Plus tard, quand j'ai pu faire cela correctement, je lui ai demandé de me montrer comment faire les gâteaux au miel, et bientôt, je faisais toute la cuisson. Mon maître était heureux d'être oisif, mais Swasti secoua la tête en signe de désapprobation : « Aucun travail à faire n'est mauvais pour un homme », déclara-t-elle.

« J'ai senti qu'il était temps pour moi de penser à un moyen par lequel je pourrais commencer à gagner des pièces pour acheter ma liberté. Comme la cuisson se terminait à midi, je pensais que Nana-naid serait d'accord si je trouvais un emploi rentable pour les après-midis et qu'elle pourrait partager mes gains avec moi. Puis l'idée m'est venue, pourquoi ne pas cuire plus de gâteaux au miel et les colporter aux hommes affamés dans les rues de la ville ?

J'ai présenté mon plan à Nana-naid de la manière suivante : « Si je peux utiliser mes après-midis après la cuisson pour gagner des pièces pour toi, ne serait-il pas juste que tu partages mes gains avec moi afin que je puisse avoir de l'argent à dépenser pour les choses que tout homme désire et dont il a besoin ?

« Assez juste, assez juste », a-t-il admis. Lorsque je lui ai fait part de mon projet de colporter nos gâteaux au miel, il était ravi. 'Voici ce que nous allons faire', a-t-il suggéré. 'Tu les vends à deux pour un penny, la moitié des pennies sera à moi pour payer la farine et le miel et le bois pour les cuire. Sur le reste, je prendrai la moitié et tu garderas l'autre moitié.'

« J'ai été très heureux de son offre généreuse qui me permettait de garder pour moi un quart de mes ventes.

Cette nuit-là, j'ai travaillé tard pour fabriquer un plateau sur lequel les exposer. Nananaid m'a donné l'une de ses robes usées pour que je sois bien habillé, et Swasti m'a aidé à la rapiécer et à la laver.

« Le lendemain, j'ai fait cuire une quantité supplémentaire de gâteaux au miel. Ils avaient l'air bruns et tentants sur le plateau tandis que je parcourais la rue en annonçant bruyamment mes marchandises. Au début, personne ne semblait intéressé, et je me suis découragé. J'ai continué et plus tard dans l'après-midi, alors que les hommes avaient faim, les gâteaux ont commencé à se vendre et bientôt mon plateau était vide.

« Nana-naid était bien content de mon succès et me payait volontiers ma part. J'étais ravi de posséder des centimes. Megiddo avait raison quand il disait qu'un maître appréciait le bon travail de ses esclaves.

Cette nuit-là, j'étais tellement excité par ma réussite que j'ai eue du mal à dormir et j'ai essayé de calculer combien je pouvais gagner en un an et combien d'années seraient nécessaires pour acheter ma liberté.

« Comme je me déplaçais chaque jour avec mon plateau de gâteaux, j'ai rapidement trouvé des clients réguliers. L'un d'eux n'était autre que ton grand-père, Arad Gula. Il était marchand de tapis et vendait aux ménagères, allant d'un bout à l'autre de la ville, accompagné d'un âne chargé de tapis et d'un esclave noir pour le soigner. Il achetait deux gâteaux pour lui et deux pour son esclave, s'attardant toujours à discuter avec moi pendant qu'ils les mangeaient.

Ton grand-père m'a dit un jour quelque chose dont je me souviendrai toujours. J'aime tes gâteaux, mon garçon, mais j'aime encore plus la belle entreprise avec laquelle tu les offres. Un tel esprit peut te porter loin sur la route du succès'.

« Mais comment peux-tu comprendre, Hadan Gula, ce que de telles paroles d'encouragement pouvaient signifier pour un garçon esclave, esseulé dans une grande ville, luttant avec tout ce qu'il avait en lui pour trouver un moyen de sortir de son humiliation ?

« Au fil des mois, j'ai continué à ajouter des centimes à mon porte-monnaie. Il a commencé à avoir un poids réconfortant sur ma ceinture. Le travail s'avérait être mon meilleur ami, comme Megiddo l'avait dit. J'étais heureux mais Swasti était inquiète.

« Ton maître, je crains qu'il ne passe autant de temps dans les maisons de jeu », a-t-elle protesté.

« J'ai été ravi un jour de rencontrer mon ami Megiddo dans la rue. Il conduisait trois ânes chargés de légumes au marché. Je m'en sors très bien, dit-il. Mon maître apprécie mon bon travail, car maintenant, je suis contremaître. Vous voyez, il me confie la commercialisation, et il envoie aussi de l'argent pour ma famille. Le travail m'aide à me remettre de mon grand malheur. Un jour, il m'aidera à acheter ma liberté et à posséder à nouveau une ferme à moi." « Le temps passait et Nana-naid était de plus en plus impatient de me voir revenir de la vente. Il m'attendait à mon retour et s'empressait de compter et de diviser notre argent. Il m'incitait également à chercher d'autres marchés et à augmenter mes ventes.

« Souvent, je sortais des portes de la ville pour solliciter les surveillants des esclaves qui construisaient les murs. Je détestais retourner à ces vues désagréables, mais je trouvais les surveillants des acheteurs libéraux. Un jour, je fus surpris de voir Zabado faisant la queue pour remplir son panier de briques. Il était décharné et courbé, et son dos était couvert de zébrures et de plaies dues aux fouets des contremaîtres.

J'ai eu pitié de lui et lui ai tendu un gâteau qu'il a écrasé dans sa bouche comme un animal affamé. Voyant le regard avide dans ses yeux, j'ai couru avant qu'il ne puisse saisir mon plateau.

« Pourquoi travailles-tu si dur ? m'a dit un jour Arad Gula. Presque la même question que tu m'as posée aujourd'hui, te souviens-tu ? Je lui ai raconté ce que Megiddo avait dit sur le travail et comment il s'avérait être mon meilleur ami. Je lui ai montré avec fierté mon portefeuille de centimes et lui ai expliqué comment je les économisais pour acheter ma liberté.

« Quand tu seras libre, que feras-tu ? », m'a-t-il demandé. « Alors, répondis-je, j'ai l'intention de devenir marchand.

« A ce moment-là, il s'est confié à moi. Quelque chose que je n'avais jamais soupçonné. 'Tu ne sais pas que moi aussi, je suis un esclave. Je suis en partenariat avec mon maître.»

« Arrêtez », a exigé Hadan Gula. Je n'écouterai pas les mensonges diffamant mon grand-père. Il n'était pas un esclave.» Ses yeux flamboyaient de colère.

Sharru Nada est resté calme. « Je l'honore pour s'être élevé au-dessus de son malheur et être devenu un citoyen éminent de Damas. Es-tu, son petit-fils, coulé dans le même moule ? Es-tu assez homme pour faire face aux faits réels, ou préfères-tu vivre sous de fausses illusions ?»

Hadan Gula se redressa sur sa selle. D'une voix étouffée par une profonde émotion, il répondit : « Mon grand-père était aimé de tous. Ses bonnes actions étaient innombrables. Lorsque la famine est arrivée, son or n'a-t-il pas permis d'acheter du grain en Égypte et sa caravane ne l'a-t-elle pas apporté à Damas pour le distribuer au peuple afin que personne ne meure de faim ? Maintenant, tu dis qu'il n'était qu'un esclave méprisé à Babylone. »

« S'il était resté esclave à Babylone, alors il aurait bien pu être méprisé, mais lorsque, par ses propres efforts, il est devenu un grand homme à Damas, les Dieux ont effectivement pardonné ses malheurs et l'ont honoré de leur respect », a répondu Sharru Nada.

« Après m'avoir dit qu'il était un esclave », poursuit Sharru Nada, «il m'a expliqué combien il avait été impatient de gagner sa liberté. Maintenant qu'il avait assez d'argent pour l'acheter, il était très perturbé quant à ce qu'il devait faire. Il ne faisait plus de bonnes ventes et craignait de quitter le soutien de son maître.

« J'ai protesté contre son indécision : 'Ne t'accroche plus à ton maître. Retrouve le sentiment d'être un homme libre. Agis comme un homme libre et réussis comme tel ! Décide de ce que tu souhaites accomplir et le travail t'aidera à y parvenir !' Il poursuivit son chemin en disant qu'il était heureux que je lui aie fait honte pour sa lâcheté.

« Un jour, je suis à nouveau sorti par les portes et j'ai été surpris de voir une grande foule s'y rassembler. Lorsque je demandai une explication à un homme, il me répondit : 'N'as-tu pas entendu ? Un esclave évadé qui a assassiné l'un des gardes du Roi a été traduit en justice et sera aujourd'hui fouetté à mort pour son crime. Le Roi lui-même sera présent.

« La foule était si dense autour du poteau de flagellation que je craignais de m'en approcher de peur que mon plateau de gâteaux au miel ne soit renversé. J'ai donc escaladé le mur inachevé pour voir par-dessus la tête des gens. J'ai eu la chance d'avoir une vue sur Nabuchodonosor lui-même alors qu'il passait dans son char d'or. Jamais je n'avais vu une telle grandeur, de telles robes et tentures de tissu d'or et de velours. « Je ne pouvais pas voir la flagellation, mais j'entendais les cris du pauvre esclave. Je me demandais comment un homme aussi noble que notre beau roi pouvait supporter de voir une telle souffrance, mais quand j'ai vu qu'il riait et plaisantait avec ses nobles, j'ai su qu'il était cruel et j'ai compris pourquoi des tâches aussi inhumaines étaient demandées aux esclaves qui construisaient les murs.

« Une fois l'esclave mort, son corps a été suspendu à un poteau par une corde attachée à sa jambe afin que tout le monde puisse le voir. Comme la foule commençait à s'amincir, je me suis approché. Sur la poitrine velue, j'ai vu tatoués, deux serpents enlacés. C'était Pirate.

« La fois suivante où j'ai rencontré Arad Gula, il était un homme changé. Plein d'enthousiasme, il m'a salué : 'Voici, l'esclave que tu as connu est maintenant un homme libre. Il y avait de la magie dans tes paroles. Déjà mes ventes et mes bénéfices augmentent. Ma femme est folle de joie. Elle était une femme libre, la nièce de mon maître. Elle désire ardemment que nous déménagions dans une ville étrangère où aucun homme ne saura que j'étais autrefois un esclave. Ainsi, nos enfants seront au-dessus de tout reproche concernant le malheur de leur père. Le travail est devenu ma meilleure aide. Il m'a permis de retrouver ma confiance en moi et mon habileté à vendre.'

« J'étais ravi d'avoir pu, ne serait-ce qu'un peu, lui rendre la pareille pour les encouragements qu'il m'avait prodigués.

« Les coutumes des esclaves dans l'ancienne Babylone, bien qu'elles puissent nous sembler incohérentes, étaient strictement réglementées par la loi. Par exemple, un esclave pouvait posséder des biens de toute sorte, même d'autres esclaves sur lesquels son maître n'avait aucun droit. Les esclaves se mariaient librement avec des non-esclaves. Les enfants de mères libres étaient libres. La plupart des marchands de la ville étaient des esclaves. Beaucoup d'entre eux étaient associés à leurs maîtres et riches à part entière.

Un soir, Swasti est venue me voir en grande détresse : « Ton maître a des ennuis. Je crains pour lui. Il y a quelques mois, il a perdu beaucoup aux tables de jeu. Il ne paie pas le fermier pour son grain ni son miel. Il ne paie pas le prêteur sur gages. Ils sont en colère et le menacent. »

« Pourquoi devrions-nous nous inquiéter de sa folie. Nous ne sommes pas ses gardiens », ai-je répondu sans réfléchir.

« Jeune fou, tu ne comprends pas. Au prêteur d'argent, il a donné ton titre pour garantir un prêt. Selon la loi, il peut te réclamer et te vendre. Je ne sais pas quoi faire. C'est un bon maître. Pourquoi ?

Oh pourquoi, un tel trouble doit-il s'abattre sur lui ? »

« Les craintes de Swasti n'étaient pas sans fondement. Alors que je faisais la cuisine le lendemain matin, le prêteur est revenu avec un homme qu'il a appelé Sasi. Cet homme m'a regardé et a dit que je ferais l'affaire.

« Le prêteur n'a pas attendu le retour de mon maître, mais a demandé à Swasti de lui dire qu'il m'avait pris. Avec seulement la robe sur mon dos et la bourse de pièces de monnaie accrochée en toute sécurité à ma ceinture, je fus précipité loin de la boulangerie inachevée.

« J'ai été emporté par le vent loin de mes plus chers espoirs, comme l'ouragan arrache l'arbre de la forêt et le jette dans la mer déferlante. Une fois de plus, une maison de jeu et une bière d'orge m'avaient causé un désastre.

« Sasi était un homme brusque et bourru. Alors qu'il me conduisait à travers la ville, je lui ai parlé du bon travail que j'avais fait pour Nana-naid et j'ai dit que j'espérais faire du bon travail pour lui. Sa réponse n'offrait aucun encouragement :

« Je n'aime pas ce travail. Mon maître ne l'aime pas. Le Roi lui a dit de m'envoyer construire une section du Grand Canal. Le maître dit à Sasi d'acheter plus d'esclaves, de travailler dur et de finir vite. Bah, comment un homme peut-il finir rapidement un gros travail ?' « Imaginez un désert où il n'y a pas un arbre, juste des arbustes bas et un soleil brûlant avec une telle fureur que l'eau dans nos barils est devenue si chaude que nous pouvions à peine la boire. Puis imaginez des rangées d'hommes, descendant dans l'excavation profonde et trimballant de lourds paniers de terre sur des sentiers mous et poussiéreux, du jour à la nuit. Imaginez la nourriture servie dans des auges ouvertes dans lesquelles nous nous servions comme des porcs. Nous n'avions pas de tentes, pas de paille pour les lits. Telle était la situation dans laquelle je me trouvais. J'ai enterré mon portefeuille dans un endroit marqué, me demandant si je le déterrerais un jour. « Au début, je travaillais avec bonne volonté, mais à mesure que les mois s'écoulaient, je sentais mon esprit se briser. Puis la fièvre de la chaleur s'est emparée de mon corps fatigué. J'ai perdu l'appétit et je pouvais à peine manger le mouton et les légumes. La nuit, je me trémoussais dans un état d'éveil malheureux.

« Dans ma misère, je me demandais si Zabado n'avait pas le meilleur plan, celui de se dérober et d'éviter que son dos ne soit brisé par le travail. Puis je me suis rappelé la dernière fois que je l'ai vu et j'ai su que son plan n'était pas bon.

« J'ai pensé à Pirate avec son amertume et je me suis demandé s'il ne serait pas tout aussi bien de se battre et de tuer. Le souvenir de son corps en sang m'a rappelé que son plan était également inutile.

« Je me suis alors souvenu de ma dernière vision de Megiddo. Ses mains étaient profondément calleuses à cause du dur labeur, mais son cœur était léger et il y avait du bonheur sur son visage. Son plan était le meilleur.

« Pourtant, j'étais tout aussi disposé à travailler que Megiddo ; il n'aurait pas pu travailler plus dur que moi. Pourquoi mon travail ne m'a-t-il pas apporté le bonheur et le succès ? Était-ce le travail qui apportait le bonheur à Megiddo, ou le bonheur et le succès étaient-ils simplement sur les genoux des Dieux ? Devais-je travailler le reste de ma vie sans obtenir mes désirs, sans bonheur et sans succès ? Toutes ces questions se mélangeaient dans mon esprit et je n'avais pas de réponse. En fait, j'étais terriblement confus.

« Plusieurs jours plus tard, alors qu'il semblait que j'étais au bout de mon endurance et que mes questions étaient toujours sans réponse, Sasi m'a fait venir. Un messager était venu de la part de mon maître pour me ramener à Babylone. J'ai déterré mon précieux portefeuille, me suis enveloppé dans les restes en lambeaux de ma robe et me suis mis en route.

« Pendant que nous roulions, les mêmes pensées d'un ouragan me faisant tourbillonner de-ci de-là ne cessaient de traverser mon cerveau fiévreux. Il me semblait vivre les mots étranges d'un chant de ma ville natale de Harroun :

Assaillir un homme comme un tourbillon,

Le conduisant comme une tempête,

Dont personne ne peut folioter le cours,

Dont personne ne peut prédire le destin.

« Étais-je destiné à être toujours ainsi puni pour je ne sais quoi ? Quelles nouvelles misères et déceptions m'attendaient ? »

« Lorsque nous sommes arrivés dans la cour de la maison de mon maître, imaginez ma surprise lorsque j'ai vu Arad Gula m'attendre. Il m'a aidé à descendre et m'a serré dans ses bras comme un frère perdu depuis longtemps. »

« Comme nous allions notre chemin, j'aurais voulu le suivre comme un esclave doit suivre son maître, mais il ne me permit pas. Il a mis son bras autour de moi, disant : « J'ai cherché partout pour toi. Alors que j'avais presque perdu tout espoir, j'ai rencontré Swasti qui m'a parlé du prêteur, qui m'a dirigé vers ton noble propriétaire. Il m'a fait payer un prix exorbitant, mais tu en vaux la peine. Ta philosophie et ton esprit d'entreprise ont été mon inspiration pour ce nouveau succès. »

« La philosophie de Megiddo, pas la mienne », ai-je interrompu.

« Celui de Megiddo et le tien. Grâce à vous deux, nous allons à Damas et j'ai besoin de toi comme partenaire. « Vois, s'exclama-t-il, dans un instant, tu seras un homme libre !» En disant cela, il tira de dessous sa robe la tablette d'argile portant mon titre. Il la leva au-dessus de sa tête et la lança pour qu'elle se brise en cent morceaux sur les pavés. Avec jubilation, il piétina les fragments jusqu'à ce qu'ils ne soient plus que poussière.

« Des larmes de gratitude remplissaient mes yeux. Je savais que j'étais l'homme le plus chanceux de Babylone. « Le travail, vois-tu, par ce biais, au moment de ma plus grande détresse, s'est révélé être mon meilleur ami.

Ma volonté de travailler m'a permis d'échapper à la vente pour rejoindre les bandes d'esclaves sur les murs. Cela a aussi tellement impressionné ton grand-père qu'il m'a choisi pour être son partenaire. »

Puis Hadan Gula a demandé : « Le travail était-il la clé secrète de mon grand-père pour les shekels d'or ? »
« C'était la seule clé qu'il avait quand je l'ai connu », a répondu Sharru Nada. « Ton grand-père aimait travailler. Les Dieux appréciaient ses efforts et le récompensaient généreusement. »

« Je commence à voir », disait Hadan Gula pensivement. « Le travail a attiré ses nombreux amis qui ont admiré son industrie et le succès qu'elle a apporté. Le travail lui a apporté les honneurs qu'il appréciait tant à Damas. Le travail lui a apporté toutes ces choses que j'ai approuvées. Et moi qui pensais que le travail n'était bon que pour les esclaves. »

« La vie est riche de nombreux plaisirs que les hommes peuvent apprécier », a commenté Sharru Nada. « Chacun a sa place. Je suis heureux que le travail ne soit pas réservé aux esclaves. Si c'était le cas, je serais privé de mon plus grand plaisir. J'apprécie beaucoup de choses, mais rien ne remplace le travail. »

Sharru Nada et Hadan Gula chevauchaient dans l'ombre des murs imposants jusqu'aux portes massives en bronze de Babylone. À leur approche, les gardes des portes se sont mis au garde-à-vous et ont respectueusement salué un citoyen honoré. La tête haute, Sharru Nada a conduit la longue caravane à travers les portes et dans les rues de la ville.

« J'ai toujours espéré être un homme comme mon grand-père », lui a confié Hadan Gula. « Jamais auparavant, je n'avais réalisé quel genre d'homme, il était. C'est ce que tu m'as montré. Maintenant que je comprends, je l'admire d'autant plus et je me sens plus déterminé à être comme lui. Je crains de ne jamais pouvoir te remercier de m'avoir donné la véritable clé de son succès. À partir de ce jour, j'utiliserai sa clé. Je commencerai humblement comme il a commencé, ce qui sied à mon véritable statut, bien mieux que les bijoux et les belles robes. »

En disant cela, Hadan Gula retira les boules de bijou de ses oreilles et les bagues de ses doigts. Puis rattachant son cheval, il se laissa tomber et chevaucha avec un profond respect derrière le chef de la caravane.

25 Phrases Clés

« Les conseils sont les bienvenus, mais veillez à n'accepter que ceux qui en valent la peine ».

« Nos actions ne peuvent pas être plus sages que nos pensées ».

« Cela ne coûte rien de demander un conseil avisé à un bon ami ».

« Si vous voulez aider votre ami, faites-le de manière à ne pas porter le fardeau de votre ami ».

« Il y a deux types d'apprentissage : l'un est ce que nous apprenons et savons, et l'autre est la formation qui nous apprend à découvrir ce que nous ne savons pas... »

« La force de volonté n'est rien d'autre que la volonté inébranlable d'accomplir la tâche que l'on s'est fixée ».

« Plus on a faim, plus l'esprit devient clair, et plus on devient également sensible à l'odeur de la nourriture ».

« La raison pour laquelle nous n'avons jamais trouvé la mesure de la richesse. Nous ne l'avons jamais cherché ».

« En ce qui concerne le temps, tous les hommes en ont en abondance ».

« Là où il y a de la détermination, le chemin peut être trouvé ».

« Une partie de tout ce que je mérite me revient. Dites-le le matin en vous levant. Dites-le à midi. Dis-le le soir. Dites-le à chaque heure de chaque jour. Dites-le à vous-même jusqu'à ce que les mots soient comme des lettres de feu dans le ciel ».

« C'est dans les choses où nous faisons de notre mieux que nous réussissons ».

« Une bonne préparation est la clé de notre succès. Nos actions ne peuvent pas être plus intelligentes que nos pensées. Nos pensées ne peuvent pas être plus sages que notre esprit ».

« Une partie de tout ce que vous gagnez, vous pouvez la garder ».

« La chance peut être attirée en saisissant les opportunités ».

« La richesse pousse comme un arbre à partir d'une petite graine. Le premier morceau, que tu as récolté, est le morceau de bois qui donne naissance à la pierre. Plus vite, vous planterez cette graine, plus vite l'arbre poussera. Et plus fidèlement, vous nourrirez et arroserez cet arbre par une épargne constante, plus vite vous vous sentirez à l'aise à son ombre ».

« Comment pouvez-vous vous appeler un homme libre alors que votre faiblesse vous a mené si loin ? Si un homme a la vision d'un lac en lui, il n'est pas obligé de passer de sa naissance à un autre, de sorte que l'eau n'a pas le même niveau ? Si un homme a en lui l'âme d'un homme libre, ne sera-t-il pas, à cause de son parcours dans sa propre ville, attiré et encouragé ?

« L'homme qui acquiert un surplus croissant grâce à sa compréhension des lois de la richesse devrait penser à ces jours futurs. Il devrait prévoir certains investissements ou certaines réserves qui dureront certainement de nombreuses années, mais qui seront disponibles quand viendra le moment qu'il a si sagement prévu ».

« Les pensées de la jeunesse », a-t-il poursuivi, « sont des lumières vives qui brillent comme les météores qui éclairent souvent le ciel, mais la sagesse de la vieillesse est comme les étoiles fixes qui brillent de manière si immuable que le marin peut compter sur elles pour déterminer son cap.

« L'occasion est une déesse hautaine qui ne perd pas de temps avec ceux qui ne sont pas préparés ».

« Quand j'entreprends une tâche, je la mène à bien. C'est pourquoi je me garde d'entamer des tâches difficiles et peu pratiques, car j'aime l'oisiveté ».

« Mais trop souvent, les jeunes pensent que la vieillesse ne connaît que la sagesse des jours passés et n'en tire donc aucun profit. Mais rappelez-vous : le soleil qui brille aujourd'hui est le soleil qui brillait quand votre père est né, et il brillera encore quand votre dernier petit-fils disparaîtra dans l'obscurité ».

« Mieux vaut un peu de prudence que de grands regrets ».

« Les souhaits doivent être simples et clairs. Ils manquent leur propre but s'ils sont trop nombreux, trop confus ou au-delà des capacités d'une personne ».

« Nos actions intelligentes nous accompagnent tout au long de la vie pour nous faire plaisir et nous aider. Tout aussi sûrement, nos actions peu judicieuses nous suivent pour nous tourmenter et nous tourmenter. Mais l'homme ne peut pas s'en passer. Au sommet des tourments qui nous poursuivent se trouvent les souvenirs des choses que nous aurions dû faire, des opportunités qui se sont présentées à nous et que nous n'avons pas saisies ».

« Avec une nouvelle compréhension, nous trouverons des moyens honorables de réaliser nos désirs ».

www.ingramcontent.com/pod-product-compliance
Lightning Source LLC
Chambersburg PA
CBHW052356220526
45465CB00003BB/1126